BestMasters

Mit „**BestMasters**" zeichnet Springer die besten Masterarbeiten aus, die an renommierten Hochschulen in Deutschland, Österreich und der Schweiz entstanden sind. Die mit Höchstnote ausgezeichneten Arbeiten wurden durch Gutachter zur Veröffentlichung empfohlen und behandeln aktuelle Themen aus unterschiedlichen Fachgebieten der Naturwissenschaften, Psychologie, Technik und Wirtschaftswissenschaften. Die Reihe wendet sich an Praktiker und Wissenschaftler gleichermaßen und soll insbesondere auch Nachwuchswissenschaftlern Orientierung geben.

Springer awards "**BestMasters**" to the best master's theses which have been completed at renowned Universities in Germany, Austria, and Switzerland. The studies received highest marks and were recommended for publication by supervisors. They address current issues from various fields of research in natural sciences, psychology, technology, and economics. The series addresses practitioners as well as scientists and, in particular, offers guidance for early stage researchers.

Felix Peter Paul

Codebasierte Post-Quanten-Kryptografie

Goppa Codes und das McEliece Kryptosystem

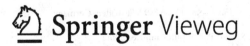

Springer Vieweg

Felix Peter Paul
Mathematik
Johannes Gutenberg-Universität Mainz
Kirchberg, Deutschland

Diese Arbeit wurde an der Johannes Gutenberg-Universität Mainz eingereicht. Sie wurde unter der Betreuung von Anton Malevich im Fachbereich Mathematik erstellt.

ISSN 2625-3577 ISSN 2625-3615 (electronic)
BestMasters
ISBN 978-3-658-46742-5 ISBN 978-3-658-46743-2 (eBook)
https://doi.org/10.1007/978-3-658-46743-2

Die Deutsche Nationalbibliothek verzeichnet diese Publikation in der Deutschen Nationalbibliografie; detaillierte bibliografische Daten sind im Internet über https://portal.dnb.de abrufbar.

Planung/Lektorat: Friederike Lierheimer
Springer Vieweg ist ein Imprint der eingetragenen Gesellschaft Springer Fachmedien Wiesbaden GmbH und ist ein Teil von Springer Nature.
Die Anschrift der Gesellschaft ist: Abraham-Lincoln-Str. 46, 65189 Wiesbaden, Germany

Zusammenfassung

Das Hauptziel dieser Arbeit ist, eine prägnante Einführung in das ursprüngliche McEliece-Verfahren von 1978 sowie in die Variante nach Niederreiter zu präsentieren. Das McEliece-Kryptosystem bietet nach heutigen Annahmen eine starke Sicherheit gegenüber bekannten Angriffen, insbesondere gegenüber Angriffen mit Quantencomputern. Zunächst werden die von Quantencomputern ausgehenden Risiken skizziert und das McEliece-Kryptosystem und seine Varianten innerhalb der Post-Quanten-Kryptografie eingeordnet. Zur Erklärung der Verfahren wird anschließend eine detaillierte Einführung in die verwendete Code-Klasse der Goppa Codes präsentiert. Im Anschluss daran werden Optimierungen und Schwächen sowohl des McEliece-als auch des Niederreiter-Systems aufgezeigt und jeweils ein Beispiel gegeben. Abschließend wird die aktuelle Classic McEliece-Variante des Systems vorgestellt.

Ergänzend zu diesem Buch wird im elektronischen Zusatzmaterial die Programmierung der Kryptosysteme als Jupyter Notebook zur Verfügung gestellt. Diese kann in cocalc ohne die Installation von Software ausprobiert werden.[1]

Schlagworter: Goppa Code · McEliece-Kryptosystem · Asymmetrische Verschlüsselung · Fehlerkorrekturcodes · Post-Quanten-Kryptografie.

---

[1] **Elektronisches Zusatzmaterial** Die elektronische Version dieses Kapitels enthält Zusatzmaterial, das berechtigten Benutzern zur Verfügung steht.

Abstract

The primary objective of this paper is to provide a concise introduction to the original McEliece scheme from 1978, as well as to the Niederreiter variant. The McEliece cryptosystem, under current assumptions, offers a high level of security against known attacks, particularly those involving quantum computers. Initially, the risks posed by quantum computers are outlined, and the McEliece cryptosystem and its variants are classified in the field of post-quantum cryptography. To explain the procedures, a detailed introduction to the class of codes used, known as Goppa codes, is presented.

Following that, optimizations and weaknesses of both the McEliece and Niederreiter systems are highlighted, with an example provided for each. Finally, the current Classic McEliece variant of the system is introduced.

In addition to this book, the supplementary material contains the programming of the crypto systems as a Jupyter notebook. This can be used in cocalc without the installation of software.[1]

Keywords: Goppa code · McEliece cryptosystem · Asymmetric encryption · Error correction codes · Post quantum cryptography.

---

[1] **Electronic Supplementary Material** The electronic version of this chapter includes supplementary material that is available to authorized users.

Inhaltsverzeichnis

Abbildungsverzeichnis

Tabellenverzeichnis

Liste der Algorithmen

Einleitung

1

1.1 Motivation des McEliece-Kryptosystems

Computertechnologie ist ein bedeutender Teil des täglichen Lebens. Umso wichtiger ist es, die mittels Computer verarbeiteten Daten vor dem Zugriff unbefugter Dritter zu schützen. Dies betrifft sensible Bankdaten, Patientendaten und persönliche Fotos gleichermaßen. Aktuell werden klassische kryptografische Verfahren wie RSA als asymmetrische kryptografische Verfahren genutzt. Mittels dieser Verfahren können geheime Schlüssel über einen unsicheren Kanal ausgetauscht und für schnellere symmetrische Verschlüsselungsverfahren wie AES genutzt werden.

Leistungsfähige Quantencomputer könnten in Zukunft in der Lage sein, klassische asymmetrische Verfahren, die auf dem Faktorisierungsproblem oder dem *diskreten Logarithmus-Problem (DLP)* basieren, zu brechen [18]. Damit ist die Vertraulichkeit jeder digital übertragenen Information gefährdet. *Post-Quanten-Kryptografie (PQC)* beschäftigt sich mit der Entwicklung quantensicherer Verschlüsselung auf nicht spezialisierter Hardware.

Ergänzende Information Die elektronische Version dieses Kapitels enthält Zusatzmaterial, auf das über folgenden Link zugegriffen werden kann https://doi.org/10.1007/978-3-658-46743-2_1.

F. P. Paul, *Codebasierte Post-Quanten-Kryptografie*, BestMasters,
https://doi.org/10.1007/978-3-658-46743-2_1

Das in dieser Arbeit vorgestellte *Classic McEliece-Kryptosystem* ist ein als besonders sicher eingestuftes Post-Quanten-Kryptosystem, das vom *Bundesamt für Sicherheit in der Informationstechnik (BSI)* empfohlen wird und im NIST Standardisierungsprozess für Post-Quanten-Kryptografie in der Runde der Finalisten war. Bei dem Verfahren handelt es sich um „ein codebasiertes Schlüsseltransportverfahren, basierend auf Niederreiters Variante, [...] instanziiert mit binären Goppa Codes"[10]. „Dessen Sicherheit basiert auf zwei Annahmen. Die erste Annahme ist, dass die verwendeten binären Goppa Codes nicht unterscheidbar von zufälligen linearen Codes sind. Die zweite Annahme ist, dass zufällige lineare Codes aufgrund des General-Decoding-Problems sowohl auf Digitalrechnern als auch mithilfe von Quantencomputern nicht effizient decodiert werden können"[10]. Das Verfahren gehört mit seiner Erfindung im Jahre 1978 zu den ältesten ungebrochenen quantensicheren Verschlüsselungsverfahren. Obwohl es sich im NIST Standardisierungsprozess nicht durchsetzen konnte, bietet es eine Alternative zu dem von der NIST zugelassenen gitterbasierten Algorithmus Crystal-Kyber [5] und wird vom BSI weiterhin empfohlen.

1.2 Struktur der Arbeit

Die Arbeit ist in 5 Kapitel gegliedert.

In Kapitel 1 werden Voraussetzungen und Notationen eingeführt.

In Kapitel 2 wird ein kurzer Überblick über Quantencomputer und die Relevanz von Post-Quanten-Kryptografie gegeben. Es werden die Folgen der Algorithmen nach Shor und Grover für die Kryptografie aufgezeigt und das McEliece-Kryptosystem im Feld der quantensicheren Kryptografie eingeordnet.

In Kapitel 3 werden Goppa Codes definiert und grundlegende Eigenschaften dieser Codeklasse bewiesen. Neben der Kontrollmatrix wird die Dimension und der Minimalabstand beliebiger Goppa Codes hergeleitet. Anschließend wird eine bessere untere Schranke für die Minimaldistanz quadratfreier binärer Goppa Codes bewiesen.

In Abschnitt 3.3 erfolgt die Herleitung des Decodieralgorithmus nach Sugiyama für allgemeine Goppa Codes und des Decodieralgorithmus nach Patterson für irreduzible binäre Goppa Codes.

In Kapitel 4 wird die Schulbuchversion des McEliece-Kryptosystems und der Variante nach Niederreiter, inklusive Optimierung vorgestellt.

Nach der Vorstellung der Systeme findet in Abschnitt 4.3 ein Vergleich des McEliece-Verfahrens und der Variante nach Niederreiter statt.

In Abschnitt 4.4 wird anschließend jeweils ein konkretes Beispiel zur Verwendung der Systeme präsentiert. Das Kapitel endet mit einer Sicherheitsanalyse der Verfahren, welche in verfahrensunabhängige Angriffe und die Vorstellung eines Message-Resend-Angriffs auf das McEliece-Kryptosystem gegliedert ist.

In Abschnitt 4.6 werden kurz die Besonderheiten des bei der NIST eingereichten Classic McEliece Systems und dessen Parameterempfehlungen sowie Vor- und Nachteile diskutiert.

In Kapitel 5 wird die Arbeit mit einem kurzen Ausblick abgeschlossen.

Im elektronischen Zusatzmaterial in Anhang A findet sich eine Übersicht über die mathematischen Herleitungen als Unterstützung zum Verstehen der groben Beweisstruktur.[1]

Im elektronischen Zusatzmaterial in Anhang B ist eine Referenzimplementierung des McEliece- und Niederreiter-Systems angegeben, mit der auch das Beispiel aus Abschnitt 4.4 erstellt wurde.

Im elektronischen Zusatzmaterial in Anhang C wird eine mögliche Konvertierung des McEliece-Kryptosystems hin zu einer CCA-2 sicheren Variante vorgestellt.

In Abbildung 1.1 ist der Zusammenhang der einzelnen Kapitel untereinander nochmals grafisch hervorgehoben.

---

[1] **Elektronisches Zusatzmaterial** Die elektronische Version dieses Kapitels enthält Zusatzmaterial, das berechtigten Benutzern zur Verfügung steht.

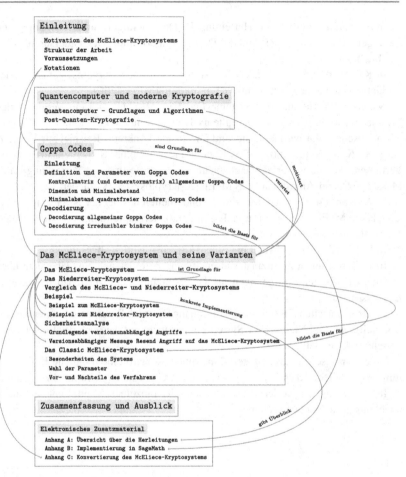

Abbildung 1.1 Zusammenhang der Abschnitte und Kapitel Aufeinanderfolgende Kapitel stehen immer in direktem Zusammenhang. Besondere Beziehungen sind durch die Pfeile hervorgehoben. Insbesondere der Zusammenhang der Kryptosysteme und die Einordnung, welcher Teil der Sicherheitsanalyse welches Kryptosystem betrifft, ist nochmal hervorgehoben

1.3 Voraussetzungen

Dem Leser[2] sollten Grundlagen der Codierungstheorie, Algebra und Zahlentheorie bekannt sein. Insbesondere Aussagen über Lineare Codes und die Konstruktion und Darstellung der Elemente endlicher Körper (Galoiskörper) werden vorausgesetzt. Kenntnisse über zyklische Codes, BCH-Codes und RS-Codes sind zum Verständnis von Nutzen, jedoch nicht notwendig.

1.4 Notationen

Die hier vorgestellten Bezeichnungen werden in der gesamten Ausarbeitung genutzt, sofern sie an den entsprechenden Stellen nicht auf eine andere Art definiert worden sind.

Es bezeichnet $\mathbb{F}_q$ den endlichen Körper mit q Elementen und $\mathbb{F}_{q^m}$ mit $m \in \mathbb{N}$ seinen Erweiterungskörper mit q^m Elementen.[3] Beachte den Unterschied zwischen $\mathbb{F}_{q^m}$ und $\mathbb{F}_q^n$. Ersteres bezeichnet den Körper mit q^m Elementen, wohingegen Letzteres einen Vektorraum der Dimension n über dem Körper $\mathbb{F}_q$ mit q Elementen bezeichnet.

Für einen Körper K bezeichnet $K[x]$ die Menge aller Polynome beliebigen Grades in der Unbekannten x, mit Koeffizienten aus K und $\deg(f)$ bezeichnet den Grad eines Polynoms $f(x)$ in x. Die Menge aller Polynome aus $K[x]$ vom Grad t wird als $K[x]_t$ definiert. Im Verlauf der Ausarbeitung wird das Goppa Polynom $g(x)$ als Polynom in der Variablen x vom Grad t definiert.

Die Parameter eines linearen Codes werden in dieser Arbeit mit $[n, k, d]_q$ bezeichnet. Dabei ist n die Länge der Codewörter, k die Anzahl der informationstragenden Symbole bzw. die Dimension des Codes, d die Minimaldistanz des Codes und q die Anzahl der Elemente des zugrundeliegenden endlichen Galoiskörpers ($q = |K|$).

Mit $\mathrm{wt}(C)$ wird das Minimalgewicht des Codes C und mit $\mathrm{wt}(c)$ das Hamminggewicht eines Codewortes c bezeichnet. Für lineare Codes sind die Minimaldistanz und das Minimalgewicht identisch, d.h. es gilt $\mathrm{wt}(C) = d(C)$ für alle linearen Codes C. Es sei darauf hingewiesen, dass C den gesamten Code und c ein Code-

---

[2] Aus Gründen der besseren Lesbarkeit wird das generische Maskulinum verwendet. Alle Personenbezeichnungen gelten damit gleichermaßen für alle Geschlechter.

[3] Die Anzahl der Elemente eines endlichen Körpers ist immer eine Primzahlpotenz und endliche Körper sind bis auf Isomorphie eindeutig. Das heißt für einen endlichen Körper mit q Elementen existiert eine Primzahl p und eine natürliche Zahl m, sodass $q = p^m$ gilt.

wort aus dem Code C bezeichnet. In der Nomenklatur des Codes wird H für die Kontrollmatrix und G für die Generatormatrix verwendet.

Bei der Übertragung von Nachrichten wird die uncodierte Nachricht (message) als m, die fehlerfrei codierte Nachricht (code word) als c und ein Fehlervektor (error) mit Hammingdistanz höchstens t als e bezeichnet. Ein Empfänger erhält den Vektor r (received), der oftmals die Summe der codierten Nachricht c und des Fehlervektors e ist. Als *Decodierung* wird der Prozess der Fehlerkorrektur (Berechnung von $c = r - e$) inklusive der Decodierung des fehlerfreien Codewortes c hin zu einer uncodierten Nachricht m bezeichnet.

Als *klassischer Computer* oder *Computer* wird ein auf Bits basierender Computer bezeichnet; als *Quantencomputer* dementsprechend ein Computer, der auf Qubits basiert. Algorithmen, die auf klassischen Computern eine polynomielle Laufzeit haben, werden *effiziente Algorithmen* genannt. Alle anderen Algorithmen werden dementsprechend als *ineffizient* bezeichnet und Probleme, für die ein polynomieller Algorithmus existiert (egal ob auf Quantencomputern oder klassischen Computern), werden als *gebrochen* bezeichnet. Die vorgestellten Versionen des McEliece- und Niederreiter-Kryptosystems werden als *Schulbuchversionen* bezeichnet, da sie nur die strukturellen Ideen der Verfahren enthalten und nicht in der Praxis einsetzbar sind. Das *Classic McEliece-Verfahren* ist dagegen keine Schulbuchversion.

Für unbekannte Akronyme oder Abkürzungen sei auf die Liste der Akronyme am Ende der Ausarbeitung verwiesen.

Nachdem hiermit alle Notationen eingeführt wurden, beginnt im Folgenden der inhaltliche Teil der Arbeit.

Quantencomputer und moderne Kryptografie

2

In diesem Kapitel erfolgt eine Einführung in die Algorithmen des Quantencomputing und deren potenzielle Bedrohung für die Kryptografie. Anschließend wird eine knappe Übersicht über verschiedene quantensichere Verfahren gegeben und das McEliece-Kryptosystem in diesem Feld eingeordnet. Dieser Abschnitt basiert auf den Arbeiten von Mosca [18] und Shor [24] und der Broschüre „Kryptografie quantensicher gestalten" des BSI [10], die Empfehlungen für die Transformation hin zu quantensicherer Verschlüsselung enthält.

2.1 Quantencomputer – Grundlagen und Algorithmen

Quantencomputer beruhen auf grundlegend anderen Prinzipien als klassische Computer. Die kleinste Informationseinheit in einem Computer ist ein Bit, das entweder den Wert 0 oder 1 annehmen kann. Ein Quantencomputer basiert auf Qubits, bei denen die Zustände 0 und 1 gleichzeitig vorliegen können. Dies verringert die Anzahl der benötigten Qubits im Vergleich zu normalen Bits und führt zu einer „intrinsischen Parallelisierung" [10] vieler Berechnungen auf Quantencomputern.

Es gibt mehrere Arten von Quantencomputern, die auf verschiedenen physikalischen Prinzipien aufbauen. Gleich ist allen Systemen das zentrale Problem der Fehleranfälligkeit, was eine Skalierung bestehender Systeme bisher unmöglich macht. Google konnte bereits den Meilenstein der *Quantum Supremacy* erreichen – also den Punkt, an dem ein Quantencomputer im Gegensatz zu einem normalen Com-

Ergänzende Information Die elektronische Version dieses Kapitels enthält Zusatzmaterial, auf das über folgenden Link zugegriffen werden kann https://doi.org/10.1007/978-3-658-46743-2_2.

puter ein Problem in akzeptabler Zeit lösen kann. Das demonstrierte Problem ist
jedoch theoretischer Natur und hat keine praktische Anwendung.

Relevant für die Kryptografie sind Quantencomputer primär wegen der *Algorithmen von Shor* [23], die im Jahr 1994 vorgestellt wurden. Sie ermöglichen, das
Faktorisierungsproblem und das Problem des diskreten Logarithmus in polynomieller Zeit zu lösen. Damit sind alle aktuell eingesetzten asymmetrischen Verschlüsselungsverfahren wie RSA, Diffie-Hellman oder ElGamal durch Quantencomputer
gefährdet. Es ist bisher unklar, ob Probleme existieren, die mit Quantencomputern
effizient lösbar sind, mit klassischen Computern jedoch nicht. Das Faktorisierungsproblem ist hier ein mögliches Beispiel, da bisher davon ausgegangen wird, dass es
mit normalen Computern nur ineffizient lösbar ist. Der beste bekannte klassische
Faktorisierungsalgorithmus, das Zahlkörpersieb, hat eine subexponentielle Laufzeit
und ist somit nicht in der Klasse der polynomiellen Algorithmen. Ein Vergleich der
Laufzeiten für das DLP und Faktorisierungsproblem auf klassischen Computern
gegenüber Quantencomputern ist in Tabelle 2.1 gegeben.

Tabelle 2.1 Quantencomputer und deren Gefahr für die Kryptografie [13] Klassische asymmetrische kryptografische Verfahren werden durch Quantencomputer gefährdet, da das Problem des diskreten Logarithmus (DLP) und das Faktorisierungsproblem mit Quantencomputern effizient gelöst werden können

		DLP	Faktorisierung
Computer	Algorithmus	Index Calculus	Zahlkörpersieb
	Laufzeit	superpolynomiell	subexponentiell
Quantencomputer	Algorithmus	Shor	Shor
	Laufzeit	polynomiell	polynomiell
Laufzeitverbesserung		superpolynomiell	superpolynomiell
betroffene Verfahren		DHKE, ElGamal	RSA

Ein weiterer kryptografisch relevanter Quantenalgorithmus ist der *Algorithmus
von Grover*. Mithilfe dieses Algorithmus ist das Finden eines beliebigen Elements
in einer unsortierten Liste der Länge N mit hoher Wahrscheinlichkeit in $\sqrt{N}$ vielen
Schritten möglich. Mit normalen Algorithmen ist dies nur in N Schritten garantiert
realisierbar, wodurch sich eine quadratische Beschleunigung mittels Quantencomputern ergibt. Für das Suchproblem ist bewiesen, dass es asymptotisch nur um
diesen Faktor beschleunigt werden kann, sodass Probleme existieren, die mittels
Quantencomputern nicht exponentiell beschleunigt werden können. Da sich die
systematische Schlüsselsuche zum Brechen symmetrischer Verschlüsselungsverfahren als Suchproblem formulieren lässt, gelten Verfahren wie AES oder Twofish-

256 als quantensicher. Im Falle einer 256 Bit Verschlüsselung bedarf es auch mit Quantencomputern noch 2^{128} Quantenoperationen (im Gegensatz zu 2^{256} normalen Operationen), was allgemein als sicher eingeschätzt wird.

Unter der Annahme, dass es keine klassischen effizienten Algorithmen für NP-vollständige Probleme gibt, existieren nach Peter W. Shor Hinweise, dass es auch mit Quantenalgorithmen nicht möglich sei, diese Probleme effizient zu lösen (vgl. [24]). Folglich sollten nach ihm nur NP-vollständige oder NP-schwere Probleme als Grundlage für quantensichere Verschlüsselung genutzt werden. Eine grafische Darstellung der Komplexitätsklassen und der Annahmen für die Quantenalgorithmik ist in Abbildung 2.1 gegeben.

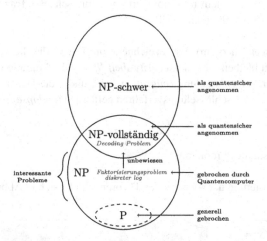

Abbildung 2.1 Mengendiagramm der Komplexitätsklassen unter der Annahme $P \neq NP$ und dass Quantencomputer NP-vollständige Probleme nicht effizient lösen können. Probleme der Klasse $NP \setminus (P \cup NP$-vollständig) könnten mittels Quantencomputern potenziell effizient lösbar sein und mit normalen Computern nicht, weshalb sie der Hauptgegenstand der Quantenalgorithmenforschung sind. Polynomielle Laufzeitverbesserungen sind potenziell für Probleme aller Klassen möglich. [24]

Um die Notwendigkeit quantensicherer Verschlüsselung besser einordnen zu können, bedarf es einer Bewertung aktueller Entwicklungen im Bereich Quantencomputing. IBMs Osprey Quantenprozessor hat 433 Qubits und ist damit der aktuell größte Quantenprozessor. Zum Brechen von RSA-2048 in 100 Tagen wären jedoch einige Milliarden physikalische Qubits notwendig. Diese Berechnung setzt zudem eine Fehlerrate von 1 : 100 voraus, obwohl aktuell eine Fehlerrate von 1 : 10.000 angestrebt wird. Stand April 2023 sind Quantencomputer also nicht in der Lage, die gängigen Schlüssellängen mittels der Shor-Algorithmen in realistischer Zeit zu brechen.[1]

Nach Michele Mosca gibt es jedoch eine Chance von 1/7, dass Quantencomputer RSA-2048 bis zum Jahr 2026 brechen können und eine Chance von 1/2, dass sie es bis 2031 schaffen könnten (vgl. [18]). Obwohl dies eine sehr optimistische Einschätzung der Entwicklung von Quantencomputern darstellt, zeigt es, dass jetzt schon mit der Transformation zu quantensicherer Verschlüsselung begonnen werden muss.[2] Eine Herausforderung ist zudem, dass ein Angreifer schon jetzt klassisch verschlüsselte Informationen abfangen und speichern kann, um diese später mit Quantencomputern zu entschlüsseln (*„Store now, decrypt later"*). Moscas Theorem formalisiert dieses Problem und motiviert damit die schnelle Transformation zu quantensicherer Verschlüsselung [18].

Satz 2.1 (Moscas Theorem). Es bezeichne x die Dauer, die die verschlüsselten Daten geschützt bleiben müssen *(security shelf-life)*, y die Migrationsdauer hin zu quantensicherer Verschlüsselung *(migration time)* und z die Dauer, bis Quantencomputer aktuelle Verschlüsselungsverfahren gefährden *(collapse time)*.
Gilt

$$x + y > z,$$

besteht ein ernsthaftes Problem.

Eine Visualisierung der Aussage des Theorems findet sich in Abbildung 2.2.

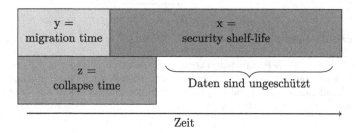

Abbildung 2.2 Moscas Theorem [18]

---

[1] Eine detaillierte Übersicht über den Stand aktueller Quantencomputer und deren Entwicklung zum Knacken aktueller Kryptosysteme ist in der BSI-Studie „Entwicklungsstand Quantencomputer"zu finden [27].

[2] Das BSI geht davon aus, dass kryptografisch relevante Quantencomputer vor allem im Hochsicherheitsbereich relevant sein werden [10].

Beweis. Die letzten Daten werden nach y Jahren klassisch verschlüsselt. Ein Angreifer kann diese abfangen und speichern. Nach z Jahren stehen Quantencomputer zur Verfügung, die das Kryptosystem brechen können, mit dem die abgefangenen Daten verschlüsselt wurden. Somit kann ein Angreifer die Daten nach z Jahren im Klartext auslesen. Weil nach Annahme aber $x + y > z$ gilt, sind die Daten nicht x Jahre sicher verschlüsselt, sondern nur $(z - y)$ viele Jahre. Diese Überlegung gilt auch, wenn die klassisch verschlüsselten Daten nach y Jahren quantensicher verschlüsselt wurden, da anzunehmen ist, dass der Angreifer die klassisch verschlüsselten Daten gespeichert hat und diese angreift („Store now, decrypt later"). □

Für Echtzeitkommunikation kann der Parameter x bei wenigen Tagen liegen, für militärische Geheimnisse und sensible medizinische Daten jedoch mehrere Jahre bis Jahrzehnte. Wie zuvor beschrieben wird die Existenz von kryptografisch relevanten Quantencomputern ab den 2030er-Jahren erwartet, sodass $z = 7$ für Hochsicherheitsanwendungen angenommen werden kann. Damit ergibt sich bei einer Security-Shelf-Life Dauer von fünf Jahren eine Migrationsdauer von 2 Jahren. In Anbetracht der organisatorischen Hürden in Unternehmen und staatlichen Organisationen muss also schon jetzt mit der Transformation zu quantensicherer Verschlüsselung begonnen werden.

Das McEliece-Kryptosystem stellt eine mögliche quantensichere Verschlüsselungsmethode dar. Im folgenden Abschnitt wird es in Relation zu anderen quantensicheren Verfahren eingeordnet.

2.2 Post-Quanten-Kryptografie

Aktuelle asymmetrische Verschlüsselungsverfahren basieren auf dem diskreten Logarithmus-Problem oder dem Faktorisierungsproblem. Da diese Probleme durch Quantencomputer effizient lösbar sind, bedarf es quantensicherer Methoden zum Schlüsselaustausch oder Transport. Symmetrische Verfahren, ebenso wie Hashfunktionen gelten dagegen als sicher und werden deshalb im Folgenden nicht betrachtet. Bei quantensicheren Verfahren wird zwischen zwei großen Bereichen unterschieden; zum einen der *Post-Quanten-Kryptografie (PQC)*, die auf mathematischen Problemen beruht und der *Quantum Cryptography (QC)*, die auf quantenmechanischen Effekten beruht.

Post-Quanten-Kryptografie nutzt mathematische Probleme, von denen ausgegangen wird, dass sie durch Quantencomputer nicht effizient berechenbar sind. Damit bieten diese Algorithmen „*Computational Security*" und sind auf normaler

Hardware umsetzbar. Innerhalb der Post-Quanten-Kryptografie werden fünf Bereiche unterschieden [3]:

1. Gitterbasierte Kryptografie,
2. Codebasierte Kryptografie,
3. Hashbasierte Kryptografie,
4. Isogeniebasierte Kryptografie und
5. Multivariate Kryptografie.

Eine Übersicht über die verschiedenen Verfahren findet sich in Abbildung 2.3.

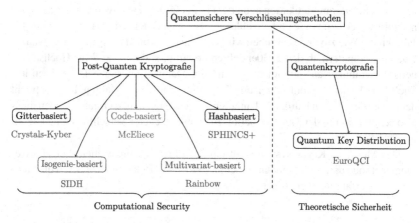

Abbildung 2.3 Übersicht über quantensichere Verfahren schwarz: Verfahrensklasse, blau: populäre Algorithmen, rot: hier vorgestelltes Verfahren

Gitterbasierte Kryptografie basiert auf mathematischen Gittern und stellt den Großteil der von der NIST ausgewählten Algorithmen dar [5]. Auch wenn sie vom BSI im Vergleich zu codebasierten Verfahren nicht präferiert werden, haben sie den Vorteil einer höheren Geschwindigkeit und kleinerer Schlüssellängen. Abhängig von der zugelassenen Struktur in den mathematischen Gittern variieren die Verfahren in ihrer Geschwindigkeit und potenziellen Anfälligkeit und erlauben mit erhöhter Struktur teilweise Zusatzfunktionalitäten wie voll homomorphe Verschlüsselung, die insbesondere für cloudbasierte Datenverarbeitung relevant ist. Im NIST Standardisierungsprozess wurden die gitterbasierten Algorithmen Crystals-Kyber (public key Verschlüsselung), Crystals-Dilithium (Signaturverfahren) und Falcon (Signaturverfahren) als Standardverfahren für Public-Key-Verschlüsselung und digitale Signaturen festgelegt. *Hashbasierte Verfahren* werden als quantensichere Signaturverfahren genutzt. Im NIST Standardisierungsprozess wurde das Verfahren Sphincs+ neben den oben genannten gitterbasierten Signaturverfahren ausgewählt. Sphincs+ ist ein zustandsloses Signaturverfahren bei dem keine Speicherung bereits verbrauchter Signaturschlüssel notwendig ist. Im Vergleich zu zustandsbehafteten Signaturverfahren ergibt sich dadurch aber, aufgrund längerer Signaturen, ein Effizienznachteil. Zustandsbehaftete hashbasierte Signaturverfahren basieren auf Einmal-Signaturverfahren und Hashbäumen. Sie bieten den Vorteil kürzerer Signaturen, können aber nur eine vordefinierte Anzahl an Signaturen erzeugen. Es ist also ein Trade-Off zwischen Signaturgröße und der Anzahl der möglichen Signaturen zu berücksichtigen. Merkle-Signaturen gehören zu der Klasse der zustandsbehafteten hashbasierten Signaturverfahren und werden als quantensicher angenommen, weshalb das BSI diese in mehreren technischen Richtlinien für sichere Software-Updateverfahren empfiehlt.

Codebasierte Verfahren basieren auf der Schwierigkeit, allgemeine Codes effizient zu decodieren. Dieses Problem ist als General-Decoding-Problem bekannt und NP-vollständig [2]. Damit ist dieses Problem mindestens so schwer wie jedes Problem in NP und bietet nach der aktuellen Annahme, dass NP-vollständige Probleme mittels Quantencomputern nicht effizient lösbar sind, Quantensicherheit. Für das Faktorisierungsproblem existiert aktuell kein polynomieller Algorithmus. Es wird jedoch angenommen, dass es nicht NP-vollständig und damit leichter als das General-Decoding-Problem ist. Dies ist aktuell aber noch eine unbewiesene Annahme. Für einen Überblick über die verschiedenen Komplexitätsklassen und eine Einordnung des Faktorisierungs- und Decodierungsproblems sei in diesem Zusammenhang erneut auf Abbildung 2.1 verwiesen. Das in dieser Arbeit vorgestellte McEliece-Kryptosystem ist das bekannteste Verfahren unter den codebasierten quantensicheren Algorithmen. Es wurde bereits 1978 von Robert McEliece vorgestellt und ist in 40 Jahren Forschung nicht strukturell gebrochen worden.[3]

Aus den hier vorgestellten Bereichen der Post-Quanten Kryptografie wurden von der NIST nur gitter- und hashbasierte Verfahren ausgewählt. Mit Crystals-Kyber steht nur ein (gitterbasierter) Algorithmus als public-key Algorithmus am Ende

---

[3] Multivariate und isogeniebasierte Verfahren spielen aktuell nur eine untergeordnete Rolle und wurden nur der Vollständigkeit wegen genannt. Sie werden aktuell auch nicht vom BSI empfohlen.

des Auswahlprozesses. Codebasierte Verfahren stellen eine als besonders sicher angenommene Alternative zu gitterbasierten Verfahren dar und sind Gegenstand dieser Arbeit. Im weiteren Verlauf dieser Ausarbeitung wird das bekannteste quantensichere codebasierte public-key Verfahren nach McEliece und dessen Varianten betrachtet. Im NIST Auswahlprozess für Post-Quanten Algorithmen wurde das Classic McEliece-Verfahren nicht ausgewählt, es wird jedoch vom BSI weiterhin empfohlen und gilt als besonders sicher. Da das Verfahren Goppa Codes nutzt, werden diese im folgenden Kapitel definiert und analysiert, um im späteren Verlauf eine tiefgehende Analyse des McEliece-Kryptosystems zu ermöglichen.

Neben dem Bereich der Post-Quanten-Kryptografie (PQC) gibt es die Quantum Cryptography (QC) , die auf quantenmechanischen Effekten beruht. Sie bietet im Gegensatz zur PQC informationstheoretische Sicherheit, benötigt aber spezialisierte Hardware, was zu erhöhten Kosten führt. Trotz der theoretischen Sicherheit, die auch Schutz vor Angreifern mit unbeschränkter Rechenleistung bietet, ist die Sicherheit konkreter Implementierungen (vor dem Hintergrund von Seitenkanalangriffen) keineswegs garantiert. Eine der Hauptbereiche der QC ist die Quantum Key Distribution (QKD), die sowohl in China als auch Europa in Pilotprojekten konkret umgesetzt wurde. Ein Nachteil von QKD-Systemen ist die Notwendigkeit eines klassischen Kanals und eines Quantenkanals. In Quantenkanälen wachsen Signalverluste exponentiell, sodass wegen der fehlenden Möglichkeit einer klassischen Signalverstärkung (No-Cloning-Theorem der Quantenmechanik) solche Systeme aktuell eine Ende-zu-Ende-Verschlüsselung nur auf eine Distanz von 100 km zulassen. Die satellitenbasierte QKD könnte hier eine Lösung sein, wobei deren Verfügbarkeit fraglich ist. Sowohl vom deutschen BSI, dem französischen ANSSI, als auch dem britischen NCSC und der amerikanischen National Security Agency (NSA) wird eine Verwendung von PQC anstelle der kostenintensiveren QKD empfohlen.

In Tabelle 2.2 ist der Vergleich von PQC gegenüber QKD nochmals tabellarisch zusammengefasst, womit die Diskussion über die Relevanz der Post-Quanten-Kryptografie und die Positionierung des McEliece-Kryptosystems innerhalb dieses Forschungsfeldes abgeschlossen ist. Im folgenden Kapitel erfolgt eine Erläuterung der codierungstheoretischen Grundlagen von Goppa Codes, da sie die Basis für das McEliece-Kryptosystem bilden.

Tabelle 2.2 Vergleich von Post-Quanten-Kryptografie (PQC) gegenüber Quantum Key Distribution (QKD) gemäß den Einschätzungen und Empfehlungen des BSI [10]

	PQC	QKD
Sicherheit	computational	informationstheoretisch
Hardware	klassisch	spezialisiert
Kosten	niedrig	hoch
Reichweite	unbegrenzt	nur mit Trusted Nodes
E2EE	ja	nein (über 100km)
Implementierbarkeit	einfacher	schwerer
Schlüsselvorverteilung	nein	notwendig
Empfehlung	priorisiert	nicht priorisiert

Goppa Codes

3

3.1 Einleitung

Goppa Codes sind für Kryptosysteme von besonderer Bedeutung, da für sie im Gegensatz zu vielen anderen Codeklassen weiterhin die Annahme der Ununterscheidbarkeit von zufälligen linearen Codes gilt. Kombiniert mit der zweiten Annahme, dass zufällige lineare Codes aufgrund des General-Decoding-Problems (sowohl auf Digitalrechnern als auch mithilfe von Quantencomputern) nicht effizient decodiert werden können,[1] ist es möglich, mit einem effizienten Decodierverfahren für Goppa Codes eine quantensichere Einwegfunktion und damit ein quantensicheres Kryptosystem zu konstruieren. Der Kern dieses Kapitels ist es ein effizientes Decodierverfahren für Goppa Codes herzuleiten. Dazu werden Goppa Codes definiert und grundlegende Eigenschaften bewiesen. Das Kapitel ist angelehnt an die Arbeiten von Goppa [11], Huffman et al. [12], Baldoni et al. [1] und MacWilliams et al. [15].

Goppa Codes wurden 1970 vom russischen Mathematiker Valery Goppa in seinem Paper „A new class of linear correcting codes" eingeführt [11]. Nach Goppa hat diese Codeklasse die besonderen Vorteile, wie zyklische Codes durch ein Generatorpolynom spezifiziert zu sein. Doch im Gegensatz zu zyklischen Codes erlaube der Grad des Generatorpolynoms eine Abschätzung der Parameter eines Goppa

---

[1] Da es sich hierbei um Annahmen handelt, sind die beiden Aussagen bisher nicht bewiesen oder widerlegt worden. Sie bilden die Grundlage für die Sicherheit des McEliece Kryptosystems.

Ergänzende Information Die elektronische Version dieses Kapitels enthält Zusatzmaterial, auf das über folgenden Link zugegriffen werden kann https://doi.org/10.1007/978-3-658-46743-2_3.

F. P. Paul, *Codebasierte Post-Quanten-Kryptografie*, BestMasters, https://doi.org/10.1007/978-3-658-46743-2_3

Codes. Die einzigen zyklischen Codes, die nach Goppa ebenfalls diese Eigenschaft aufweisen, seien BCH-Codes, die durch Goppa Codes verallgemeinert würden (vgl. [11]).

3.2 Definition und Parameter von Goppa Codes

Goppa Codes der Länge n über $\mathbb{F}_q$ sind wie folgt definiert:[2]

Definition 3.1 (Goppa Codes). Sei $\mathbb{F}_q$ ein endlicher Körper und $m \in \mathbb{N}$ beliebig.
  Es seien $L = (\alpha_1, \ldots, \alpha_n)$ ein n-Tupel paarweise verschiedener Elemente aus $\mathbb{F}_{q^m}$ und $g(x) \in \mathbb{F}_{q^m}[x]$ ein normiertes Polynom mit $g(\alpha_i) \neq 0$ für $i = 1, \ldots, n$. Dann heißt der lineare Code

$$\Gamma(L, g) := \left\{ c = (c_1, \ldots, c_n) \in \mathbb{F}_q^n : R_c(x) = \sum_{i=1}^{n} \frac{c_i}{x - \alpha_i} \equiv 0 \bmod g(x) \right\}$$

über $\mathbb{F}_q$ (klassischer) *Goppa Code* der Länge n zum *Goppa-Polynom* $g(x)$.
  L wird auch *Support* des Goppa Codes genannt.
  Ist $g(x)$ zudem irreduzibel, so wird $\Gamma(L, g)$ als *irreduzibler Goppa Code* bezeichnet.

Es ist zu bemerken, dass das Inverse von $x - \alpha_i \bmod g(x)$ existiert, da aus $g(\alpha_i) \neq 0$ folgt, dass der ggT von $(x - \alpha_i)$ und $g(x)$ gleich 1 ist. Aus dem Lemma von Bézout folgt dann die Existenz.

Satz 3.2 (Goppa Codes sind lineare Codes). Goppa Codes sind lineare Codes, da

$$R_{ac}(x) = \sum_{i=1}^{n} \frac{ac_i}{x - \alpha_i} = a \sum_{i=1}^{n} \frac{c_i}{x - \alpha_i} \equiv a \cdot 0 \equiv 0 \bmod g(x)$$

---

[2] Beachte, dass im Originalpaper nur binäre Goppa Codes betrachtet werden, die erst in späteren Papern generalisiert wurden. Hier wird eine Definition über beliebigen Galoiskörpern gegeben.

für alle $a \in \mathbb{F}_q$, $c \in \Gamma(L, g)$ gilt und

$$R_{c_1+c_2}(x) = \sum_{i=1}^{n} \frac{c_1 + c_2}{x - \alpha_i} = \sum_{i=1}^{n} \frac{c_1}{x - \alpha_i} + \sum_{i=1}^{n} \frac{c_2}{x - \alpha_i} \equiv 0 + 0 \equiv 0 \bmod g(x)$$

für alle $c_1, c_2 \in \Gamma(L, g)$ gilt.

3.2.1   Kontrollmatrix (und Generatormatrix)

Im vorherigen Abschnitt wurde gezeigt, dass Goppa Codes lineare Codes sind. Da für jeden linearen Code eine Generator- und Kontrollmatrix existiert, wird im Folgenden die Kontrollmatrix von Goppa Codes hergeleitet.[3]
Die Existenz von $(x - \alpha_i)^{-1}$ aus der Definition von Goppa Codes wurde bereits gezeigt. Das Inverse Element zu $(x - \alpha_i)^{-1}$ lässt sich mittels des erweiterten euklidischen Algorithmus herleiten und ist nach Huffman et al. [12] wie folgt angeben

$$\frac{1}{x - \alpha_i} = 1 \cdot \frac{1}{x - \alpha_i} \equiv \left(\frac{g(\alpha_i)}{g(\alpha_i)} - \frac{g(x)}{g(\alpha_i)} \right) \frac{1}{x - \alpha_i} \equiv -\frac{1}{g(\alpha_i)} \frac{g(x) - g(\alpha_i)}{x - \alpha_i} \bmod g(x).$$
(3.1)

Ersetzt man in Definition 3.1 den Bruch $\frac{1}{x-\alpha_i}$ gemäß Gleichung 3.1, so ist c genau dann ein Codewort, wenn[4]

$$R_c(x) = \sum_{i=1}^{n} \frac{c_i}{x - \alpha_i} \equiv \sum_{i=1}^{n} c_i \frac{g(x) - g(\alpha_i)}{x - \alpha_i} g(\alpha_i)^{-1} \equiv 0 \bmod g(x) \qquad (3.2)$$

gilt. In Gleichung 3.2 kann die modulo Operation weggelassen werden, da der Grad von

$$\sum_{i=1}^{n} c_i \frac{g(x) - g(\alpha_i)}{x - \alpha_i} g(\alpha_i)^{-1}$$

durch die Division von $g(x)$ durch $x - \alpha_i$ stets kleiner ist als der von $g(x)$. Ein Codewort c ist also genau dann in $\Gamma(L, g)$ enthalten, wenn

---

[3] Die Kontrollmatrix statt der Generatormatrix herzuleiten ist durch die Definition von Goppa Codes motiviert.
[4] Man kann das Minus weglassen, da $0 \equiv -0$ gilt.

$$\sum_{i=1}^{n} c_i \frac{g(x) - g(\alpha_i)}{x - \alpha_i} g(\alpha_i)^{-1} = 0 \tag{3.3}$$

gilt. Nun wird der Bruch

$$\frac{g(x) - g(\alpha_i)}{x - \alpha_i}$$

genauer analysiert, indem ein Goppa-Polynom eines spezifischen Grades angenommen wird. Sei $g \in \mathbb{F}_{q^m}[x]$ ein Goppa-Polynom vom Grad t. Dann hat g die Form

$$g = \sum_{j=0}^{t} g_j x^j, \text{ mit } g_t = 1.$$

Die Ersetzung von $g(x)$ und $g(\alpha_i)$ im betrachteten Bruch führt zu

$$\frac{g(x) - g(\alpha_i)}{x - \alpha_i} = \sum_{j=0}^{t} g_j \frac{(x^j - \alpha_i^j)}{x - \alpha_i}$$

$$= \sum_{j=0}^{t} g_j \sum_{k=0}^{j-1} x^k \alpha_i^{j-1-k}$$

$$= g_0 \cdot 0 + g_1 + g_2(\alpha_i^1 + x^1) + \cdots + g_t(\alpha_i^{t-1} + \alpha_i^{t-2}x + \cdots + x^{t-1})$$

$$= \sum_{k=0}^{t-1} x^k \sum_{j=k+1}^{t} g_j \alpha_i^{j-1-k}. \tag{3.4}$$

[5]Das Einsetzen von Gleichung 3.4 in Gleichung 3.3 liefert

$$0 = \sum_{i=1}^{n} c_i \frac{g(x) - g(\alpha_i)}{x - \alpha_i} g(\alpha_i)^{-1}$$

$$= \sum_{i=1}^{n} c_i g(\alpha_i)^{-1} \sum_{k=0}^{t-1} x^k \sum_{j=k+1}^{t} g_j \alpha_i^{j-1-k}$$

$$= \sum_{k=0}^{t-1} \left(\sum_{i=1}^{n} c_i g(\alpha_i)^{-1} \sum_{j=k+1}^{t} g_j \alpha_i^{j-1-k} \right) x^k.$$

---

[5] Bemerke, dass $x^j - a^j = (x - a) \cdot \left(a^{j-1} + x a^{j-2} + x^2 a^{j-3} + \ldots + x^{j-2}a + x^{j-1} \right)$ gilt.

[6]Nach einem Koeffizientenvergleich gilt genau dann, dass $c \in \Gamma(L, g)$, wenn alle Koeffizienten der x^k gleich Null sind, d. h. in Formeln muss gelten

$$c \in \Gamma(L, g) \Leftrightarrow \forall 0 \le k \le t - 1 : \sum_{i=1}^{n} \left(c_i g(\alpha_i)^{-1} \sum_{j=k+1}^{t} \left(g_j \alpha_i^{j-1-k} \right) \right) = 0$$

(3.5)

$$\Leftrightarrow Hc^T = 0, \text{ mit}$$

$$H = \begin{bmatrix} g(\alpha_1)^{-1} g_t & g(\alpha_2)^{-1} g_t & \cdots & g(\alpha_n)^{-1} g_t \\ g(\alpha_1)^{-1} (g_{t-1} + g_t \alpha_1) & g(\alpha_2)^{-1} (g_{t-1} + g_t \alpha_2) & \cdots & g(\alpha_n)^{-1} (g_{t-1} + g_t \alpha_n) \\ \vdots & \vdots & \cdots & \vdots \\ g(\alpha_1)^{-1} \sum_{j=1}^{t} g_j \alpha_1^{j-1} & g(\alpha_2)^{-1} \sum_{j=1}^{t} g_j \alpha_2^{j-1} & \cdots & g(\alpha_n)^{-1} \sum_{j=1}^{t} g_j \alpha_n^{j-1} \end{bmatrix}.$$

Die Struktur der Matrix ergibt sich direkt aus Gleichung 3.5, wobei der Parameter k beginnend bei $(t - 1)$ bis 0 iteriert wird. Dabei entsprechen die Zeilen der Matrix der jeweiligen Iteration der $t - 1 \ge k \ge 0$ und innerhalb einer Zeile ist die Summe

$$\sum_{i=1}^{n} \left(c_i g(\alpha_i)^{-1} \sum_{j=k+1}^{t} \left(g_j \alpha_i^{j-1-k} \right) \right)$$

als Iteration über die $1 \le i \le n$ dargestellt. Die Matrix H kann nach MacWilliams et al. [15] wiederum als Produkt der Matrizen

$$H = \begin{bmatrix} g_t & 0 & \cdots & 0 \\ g_{t-1} & g_t & \cdots & 0 \\ g_{t-2} & g_{t-1} & \cdots & 0 \\ \vdots & \vdots & \ddots & \vdots \\ g_1 & g_2 & \cdots & g_t \end{bmatrix} \begin{bmatrix} 1 & 1 & \cdots & 1 \\ \alpha_1 & \alpha_2 & \cdots & \alpha_n \\ \alpha_1^2 & \alpha_2^2 & \cdots & \alpha_n^2 \\ \vdots & \vdots & \cdots & \vdots \\ \alpha_1^{t-1} & \alpha_2^{t-1} & \cdots & \alpha_n^{t-1} \end{bmatrix} \begin{bmatrix} g(\alpha_1)^{-1} & & 0 \\ & \ddots & \\ 0 & & g(\alpha_n)^{-1} \end{bmatrix}$$

$$:= CXY$$

geschrieben werden. Diese Produktschreibweise lässt sich durch Ausmultiplizieren verifizieren. Dabei entspricht die Multiplikation mit Y von rechts der Multiplikation der Spalte i mit $g(\alpha_i)^{-1}$ und CX entspricht dem noch fehlenden Teil der Einträge.

---

[6] Bemerke, dass hier wieder nur eine Vertauschung der Summationsreihenfolge vorgenommen wurde, damit die Summe als Linearkombination der x^k dargestellt ist.

C ist eine Diagonalmatrix, sodass ihre Determinante das Produkt der Diago-
naleinträge ist. Da g_t der Leitterm des nach Definition 3.1 als normiert definierten
Goppa-Polynoms g ist, gilt $g_t = 1$. Damit ist die Determinante von C gleich Eins
und C invertierbar. Es reicht also, die Kontrollmatrix als Produkt der Matrizen X
und Y zu definieren, denn es gilt

$$Hc^T = (CXY)c^T = 0 \Leftrightarrow XYc^T = 0.$$

Damit hat die Kontrollmatrix H' die Form

$$H' = \begin{bmatrix} g\,(\alpha_1)^{-1} & g\,(\alpha_2)^{-1} & \cdots & g\,(\alpha_n)^{-1} \\ g\,(\alpha_1)^{-1}\alpha_1 & g\,(\alpha_2)^{-1}\alpha_2 & \cdots & g\,(\alpha_n)^{-1}\alpha_n \\ \vdots & \vdots & \cdots & \vdots \\ g\,(\alpha_1)^{-1}\alpha_1^{t-1} & g\,(\alpha_2)^{-1}\alpha_2^{t-1} & \cdots & g\,(\alpha_n)^{-1}\alpha_n^{t-1} \end{bmatrix}. \tag{3.6}$$

Es sei darauf hingewiesen, dass die in Gleichung 3.6 dargestellte $(t \times n)$ Kontrollmatrix Einträge aus dem Erweiterungskörper $\mathbb{F}_{q^m}$ statt $\mathbb{F}_q$ enthält. Die Kontrollmatrix H' muss jedoch über dem gleichen Körper $\mathbb{F}_q$ wie der Code definiert sein.
Um diesem Problem zu begegnen, sei daran erinnert, dass $\mathbb{F}_{q^m}$ ein Vektorraum der
Dimension m über dem Körper $\mathbb{F}_q$ ist. Die Einträge der Kontrollmatrix H' können
also als Spaltenvektoren der Länge m über $\mathbb{F}_q$ aufgefasst werden. H' ist also eine
$(tm \times n)$ Matrix über $\mathbb{F}_q$.

Bemerkung 3.3 (Generatormatrix). Die *Generatormatrix* G kann direkt aus der
Kontrollmatrix abgeleitet werden, weshalb sie ab hier als gegeben angenommen
wird. Dazu wird das Gleichungssystem $HG^T = 0$ gelöst.

3.2.2 Dimension und Minimalabstand

Anhand der Dimension der Kontrollmatrix kann die Dimension des Goppa Codes
direkt abgeleitet werden. Die folgenden Herleitungen sind angelehnt an die Arbeiten
von Baldoni et al. [1].

Satz 3.4 (Dimension von Goppa Codes). Sei $\Gamma(L, g)$ ein Goppa Code der Länge
n mit $g \in \mathbb{F}_{q^m}[x]_t$.
Dann gilt für die Dimension k des Goppa Codes $k \geq n - mt$.

Beweis. Das Goppa-Polynom hat Grad t und Koeffizienten aus $\mathbb{F}_{q^m}$. Damit hat die Kontrollmatrix die Dimensionen $(mt \times n)$. Der Rang von H ist folglich höchstens mt. Für lineare Codes gilt $rang(H) = n - k$, woraus die Behauptung folgt. $\square$

Eine Übersicht über die Herleitung der Kontrollmatrix und Dimension von Goppa Codes ist im elektronischen Zusatzmaterial in Anhang A gegeben.

Für die Minimaldistanz allgemeiner Goppa Codes lässt sich folgendes Lemma formulieren:

Satz 3.5 (Minimaldistanz allgemeiner Goppa Codes). Für einen Goppa Code $\Gamma(L, g)$ der Länge n mit $g \in \mathbb{F}_{q^m}[x]_t$ gilt für die Minimaldistanz $d \geq t + 1$.

Beweis. Sei $0 \neq c = (c_1, \ldots, c_n) \in \Gamma(L, g)$ mit $wt(c) = w$. Es bezeichne I die Menge der Indizes mit $c_i \neq 0$, d. h. es gilt $|I| = w$. Dann folgt

$$c \in \Gamma(L, g) \Leftrightarrow R_c(x) \equiv 0 \bmod g(x)$$

$$\Leftrightarrow \sum_{i=1}^{n} \frac{c_i}{x - \alpha_i} \equiv 0 \bmod g(x)$$

$$\Leftrightarrow \frac{\sum_{i=1}^{n} c_i \prod_{j \neq i}(x - \alpha_j)}{\prod_{i=1}^{n}(x - \alpha_i)} \equiv 0 \bmod g(x)$$

$$\Leftrightarrow \frac{\sum_{i \in I} c_i \prod_{j \in I \setminus \{i\}}(x - \alpha_j)}{\prod_{i \in I}(x - \alpha_i)} \equiv 0 \bmod g(x). \tag{3.7}$$

[7]Da $g(\alpha_i) \neq 0$ folgt $\text{ggT}(x - \alpha_i, g(x)) = 1$. Damit die Kongruenz erfüllt ist, muss $g(x)$ also ein Teiler des Zählers

$$z(x) = \sum_{i \in I} c_i \prod_{j \in I \setminus \{i\}}(x - \alpha_j)$$

des Grades $w - 1$ sein. Für die Polynomgrade folgt

$$(w - 1) = \deg(z) \geq \deg(g) = t.$$

---

[7] Für $c_i = 0$ kann das Produkt im Zähler mit $(x - \alpha_i)$ erweitert werden, ohne den Gesamtterm zu verändern. Dadurch kommt der Term $(x - \alpha_i)$ in jedem Summanden in Zähler und Nenner vor und kann gekürzt werden.

Umstellen der Gleichung liefert $w \geq t + 1$. Da Goppa Codes lineare Codes sind, gilt $d(C) = \mathrm{wt}(C)$, woraus die Behauptung folgt. □

Der Beweis nutzt keine speziellen Eigenschaften über $\mathbb{F}_q$ aus, sodass die Vermutung naheliegt, dass unter Ausnutzung der Eigenschaften spezieller Galoiskörper bessere Schranken möglich sind. Dies ist im Binären der Fall.

3.2.3 Minimalabstand quadratfreier binärer Goppa Codes

Ein quadratfreier binärer Goppa Code ist definiert als ein Goppa Code über $\mathbb{F}_2$ mit einem quadratfreien Goppa-Polynom $g \in \mathbb{F}_{2^m}[x]_t$. In diesem Abschnitt wird mit dem folgenden Satz eine bessere Minimaldistanz für diese Teilmenge der Goppa Codes bewiesen.

Satz 3.6 (Minimalabstand quadratfreier binärer Goppa Codes). Für quadratfreie binäre Goppa Codes mit einem Goppa-Polynom vom Grad $t > 2$ gilt $d \geq 2t + 1$.

Das bedeutet insbesondere, dass irreduzible binäre Goppa Codes mit einem Goppa-Polynom vom Grad t in der Lage sind, t Fehler zu korrigieren.[8] Für den Beweis des Satzes seien folgende Lemmata bewiesen.

Lemma 3.7 Die Ableitung eines Polynoms $f \in \mathbb{F}_{2^m}[x]$ enthält nur gerade Exponenten[9].

Beweis.

$$(f_{2i+1}x^{2i+1})' = (2i + 1)f_{2i+1}x^{2i} = f_{2i+1}x^{2i}$$
$$(f_{2i}x^{2i})' = (2i)f_{2i}x^{2i-1} = 0$$

□

---

[8] Da aus der Irreduzibilität von Polynomen deren Quadratfreiheit folgt, gilt die Aussage auch für irreduzible binäre Goppa Codes.

[9] Der Körper $\mathbb{F}_{2^m}$ hat Charakteristik 2, sodass $x + x = 0$ für alle $x \in \mathbb{F}_{2^m}$ gilt. Nähere Informationen zu endlichen Körpern sind in [9, S. 169] gegeben.

Lemma 3.8 Über $\mathbb{F}_{2^m}$ gilt Freshman's dream. Es gilt also für alle $x, y \in \mathbb{F}_{2^m}$:

$$(x + y)^2 = x^2 + y^2$$

Beweis. Für alle $x, y \in \mathbb{F}_{2^m}$ gilt $(x + y)^2 = x^2 + 2xy + y^2 = x^2 + y^2$ $\qquad\square$

Diese Aussage ist trivial, wird aber wegen ihrer Implikation als Lemma formuliert. Induktiv folgt daraus, dass

$$\left(\sum_{i=1}^{n} x_i \right)^2 = \left(\sum_{i=1}^{n} x_i^2 \right)$$

gilt, sodass Summation und Quadrierung getauscht werden können.[10]

Lemma 3.9 In Körpern der Charakteristik 2 ist jedes Element ein Quadrat, d. h. für jedes Element existiert seine Quadratwurzel.

Beweis. Sei $\mathbb{F}_{2^n}$ gegeben. Dieser Körper enthält 2^n Elemente und somit sind $2^n - 1$ Elemente in seiner multiplikativen Gruppe. Damit ist deren Gruppenordnung ungerade, sodass nach dem Satz von Lagrange kein Element aus dieser Gruppe die Elementordnung 2 haben kann. Die Abbildung

$$f : F \setminus \{0\} \to F \setminus \{0\}, x \mapsto x^2$$

ist ein Homomorphismus, in dessen Kern alle Elemente der Ordnung zwei enthalten sind. Nach vorheriger Bemerkung ist der Kern trivial, sodass die Abbildung bijektiv ist und damit jedes Element ein Quadrat ist. (Bemerke, dass $0^2 = 0$ gilt). $\qquad\square$

Insbesondere folgt aus den vorherigen Lemmata das Folgende.

Lemma 3.10 Jede Ableitung f' eines Polynoms $f \in \mathbb{F}_{2^m}[x]_w$ ist ein Quadrat.

---

[10] Freshman's dream gilt prinzipiell für alle Primzahlpotenzen und ist keine besondere Eigenschaft von Körpern der Charakteristik 2. Wenn K ein Körper der Charakteristik p ist, mit p prim, so gilt für alle $x, y \in K : (x + y)^{p^i} = x^{p^i} + y^{p^i}$.

Beweis. Nach Lemma 3.7 enthält $f'(x)$ nur gerade Exponenten. Das heißt es gilt

$$f'(x) = \sum_{i=0}^{\lfloor (w-1)/2 \rfloor} f_{2i+1} x^{2i}$$

$$\overset{Lem.3.9}{=} \sum_{i=0}^{\lfloor (w-1)/2 \rfloor} \left(\sqrt{f_{2i+1}} x^i \right)^2$$

$$\overset{Lem.3.8}{=} \left(\sum_{i=0}^{\lfloor (w-1)/2 \rfloor} \sqrt{f_{2i+1}} x^i \right)^2$$

$$=: F(x)^2.$$

$\square$

Mithilfe dieses letzten Lemmas kann Satz 3.6 bewiesen werden.

Beweis von Satz 3.6. Es sei wie im Beweis über den Mindestabstand allgemeiner Goppa Codes $0 \neq c = (c_1, \ldots, c_n) \in \Gamma(L, g)$ mit $\text{wt}(c) = w$. Es bezeichne I die Menge der Indizes mit $c_i \neq 0$. Da ein binärer Goppa Code vorliegt, sind alle c_i aus der Menge $\{0, 1\}$. Nach der Definition von Goppa Codes und Gleichung 3.7 gilt

$$c \in \Gamma(L, g) \Leftrightarrow R_c(x) = \frac{\sum_{i \in I} c_i \prod_{j \in I \setminus \{i\}} (x - \alpha_j)}{\prod_{i \in I} (x - \alpha_i)} \equiv 0 \bmod g(x).$$

Der Nenner kann als

$$f(x) := \prod_{i=1}^{n} (x - \alpha_i)^{c_i} \text{ geschrieben werden, da}$$

$$\prod_{i=1}^{n} (x - \alpha_i)^{c_i} = \prod_{i \in I} (x - \alpha_i)^1 \cdot \prod_{i \notin I} (x - \alpha_i)^0 = \prod_{i \in I} (x - \alpha_i) \text{ gilt.}$$

Damit hat die Ableitung $f'(x)$ nach der Produktregel die Form

$$f'(x) = \sum_{i=1}^{n} c_i \prod_{j \neq i} (x - \alpha_j)^{c_j} = \sum_{i \in I} c_i \prod_{j \in I \setminus \{i\}} (x - \alpha_j).$$

Damit entspricht $f'(x)$ dem Zähler der obigen Gleichung. Für alle $c \in \Gamma(L, g)$ gilt also

$$R_c(x) = \frac{f'(x)}{f(x)} \equiv 0 \bmod g(x). \tag{3.8}$$

Dabei existiert das Inverse von $f(x) \bmod g(x)$ stets, da der $\mathrm{ggT}(f(x), g(x)) = 1$ ist. Damit die Kongruenz gilt, muss $g(x)$ ein Teiler des Zählers $f'(x)$ sein. Die Ableitung ist nach Lemma 3.10 ein Quadrat, sodass ein $F(x)$ mit

$$F(x)^2 = f'(x)$$

existiert. Da $g(x)$ quadratfrei ist, folgt aus $g(x)|f'(x)$ und $f'(x) = F(x)^2$, dass $g(x)$ auch $F(x)$ teilt. Somit teilt auch $g(x)^2$ das Polynom $f'(x)$. Damit ist der Grad von $f'(x)$ mindestens $2 \deg(g) = 2t$. Der Grad des Polynoms $f(x)$ ist per Definition w, sodass die Ableitung $f'(x)$ höchstens Grad $w - 1$ hat. Es folgt

$$w - 1 \geq \deg(f') \geq 2t \Leftrightarrow w \geq 2t + 1.$$

Da die Minimaldistanz und das Minimalgewicht linearer Codes identisch sind, folgt die Behauptung. $\qquad\square$

Bemerkung 3.11 Es handelt sich bei der angegebenen Schranke um eine untere Schranke, die in der Praxis überschritten werden kann.

In Tabelle 3.1 ist eine Zusammenfassung der ermittelten Parameter für Goppa Codes gegeben. Im folgenden Abschnitt erfolgt die Vorstellung jeweils eines Decodieralgorithmus für allgemeine und irreduzible binäre Goppa Codes, die die berechnete Anzahl an korrigierbaren Fehlern korrigieren können.

Tabelle 3.1 Parameter von Goppa Codes im Vergleich

Allgemeine Goppa Codes	
spezifiziert:	durch ein Goppa-Polynom
	vom Grad t über $\mathbb{F}_{q^m}$
Länge:	n
Dimension:	$k \geq n - mt$
Minimaldistanz:	$d \geq t + 1$
Korrekturfähigkeit:	korrigiert mindestens $t/2$ Fehler

(Fortsetzung)

Tabelle 3.1 (Fortsetzung)

Irreduzible binäre Goppa Codes	
spezifiziert:	durch ein irreduzibles Polynom vom Grad t über $\mathbb{F}_{2^m}$
Länge:	n
Dimension:	$k \geq n - mt$
Minimaldistanz:	$d \geq 2t + 1$
Korrekturfähigkeit:	korrigiert mindestens t Fehler

3.3   Decodierung

3.3.1   Decodierung allgemeiner Goppa Codes

Im Folgenden wird der Decodieralgorithmus nach Sugiyama et al. [26] beschrieben, der auf dem euklidischen Algorithmus für Polynome basiert. Die hier angegebene Beweisführung ist angelehnt an das Originalpaper von Sugiyama und die Arbeit von Pretzel [21].

Sei ein allgemeiner Goppa Code $\Gamma(L, g)$ der Länge n über $\mathbb{F}_q$ mit Support $L = (\alpha_1, \ldots, \alpha_n) \subseteq \mathbb{F}_{q^m}$ gegeben. Aus dem vorherigen Kapitel ist bekannt, dass für den Minimalabstand $d \geq \deg(g) + 1$ gilt. Ein Decodieralgorithmus ist mit dieser Schranke an die Minimaldistanz folglich in der Lage höchstens

$$E := \lfloor \frac{d - 1}{2} \rfloor = \lfloor \frac{\deg(g)}{2} \rfloor$$

viele Fehler garantiert zu korrigieren.

Sei $c = (c_1, \ldots, c_n) \in \Gamma(L, g)$ das gesendete Codewort. Während der Übertragung sei der Fehler $e = (e_1, \ldots, e_n) \in \mathbb{F}_q^n$ aufgetreten, sodass die Nachricht $r = (r_1, \ldots, r_n) = c + e \in \mathbb{F}_q^n$ empfangen wurde. Da höchstens E Fehler korrigiert werden können, wird angenommen, dass der Fehlervektor e höchstens Hamming-gewicht E besitzt. Es bezeichne I die Menge der Indizes, bei denen ein Fehler aufgetreten ist.

Zur Decodierung seien folgende Polynome definiert.

Definition 3.12 Es bezeichne $s(x) \in \mathbb{F}_{q^m}[x]$ mit

$$s(x) = \sum_{i=1}^{n} \frac{e_i}{x - \alpha_i} \mod g(x)$$

das *Syndrompolynom zu r*. Es gilt $\deg(s(x)) < \deg(g(x))$ nach Konstruktion von $s(x)$. (Analoge Begründung zu Gleichung 3.2)
Es bezeichne $\sigma(x) \in \mathbb{F}_{q^m}[x]$ mit

$$\sigma(x) = \prod_{i \in I}(x - \alpha_i)$$

das *Fehlerortungspolynom zu r*. Treten genau E Fehler auf, so gilt $\deg(\sigma(x)) = E$ nach Konstruktion von $\sigma(x)$.
Es bezeichne $\omega(x) \in \mathbb{F}_{q^m}[x]$ mit

$$\omega(x) = \sum_{i \in I} e_i \prod_{j \in I \setminus \{i\}}(x - \alpha_j)$$

das *Fehlerauswertungspolynom zu r*. Es gilt $\deg(\omega(x)) < E$ nach Konstruktion von $\omega(x)$.
Aus der Konstruktion der Polynome folgt außerdem, dass der $\mathrm{ggT}(\sigma(x), \omega(x))$ gleich Eins ist.

Lemma 3.13 Das Syndrompolynom ist direkt aus der empfangen Nachricht r berechnenbar.

Beweis.

$$s(x) = \sum_{i=1}^{n} \frac{e_i}{x - \alpha_i} = \sum_{i=1}^{n} \frac{r_i}{x - \alpha_i} - \sum_{i=1}^{n} \frac{c_i}{x - \alpha_i} \equiv \sum_{i=1}^{n} \frac{r_i}{x - \alpha_i} \mod g(x)$$

$\square$

Dagegen lassen sich $\sigma(x)$ und $\omega(x)$ nicht direkt aus der empfangenen Nachricht berechnen. Zu deren Bestimmung wird die fundamentale Gleichung für Goppa Codes und der erweiterte euklidische Algorithmus (EEA) benötigt. Es wird zunächst die *fundamentale Gleichung* für Goppa Codes bewiesen.

Lemma 3.14 (Fundamentale Gleichung). Es gilt

$$s(x)\sigma(x) \equiv \omega(x) \bmod g(x).$$

Beweis.

$$s(x)\sigma(x) = \sum_{i=1}^{n} \frac{e_i}{x - \alpha_i} \prod_{j \in I}(x - \alpha_j) \equiv \sum_{i \in I} e_i \prod_{j \in I \setminus \{i\}}(x - \alpha_j)$$
$$= \omega(x) \bmod g(x)$$

$\square$

Aus dem Lemma folgt unmittelbar, dass ein $u(x) \in \mathbb{F}_{q^m}[x]$ existiert, mit

$$s(x)\sigma(x) + u(x)g(x) = \omega(x). \tag{3.9}$$

Aufgrund ihres Polynomgrades treten also sowohl $\sigma(x)$ als auch $\omega(x)$ im EEA von $g(x)$ und $s(x)$ auf und das im gleichen Iterationsschritt, der mit j bezeichnet wird. $\omega(x)$ tritt in diesem Schritt als Rest und $\sigma(x)$ als Faktor auf. Da der erweiterte euklidische Algorithmus für univariate[11] Polynome bis auf eine multiplikative Konstante ungleich Null eindeutig bestimmt ist, werden im Folgenden $\sigma(x)$ und $\omega(x)$, bis auf eben diese Konstante, mittels des EEA eindeutig hergeleitet. Betrachte dazu den EEA von $g(x)$ und $s(x)$ mit

$$f_0(x) = g(x), \ f_1(x) = s(x) \text{ und } f_i = q_{i+1}f_{i+1} + f_{i+2}. \tag{3.10}$$

Lemma 3.15 (Existenz eines Iterationsschritts). Es existiert genau ein Iterationsschritt j im EEA von $g(x)$ und $s(x)$, sodass

$$0 \leq \deg(f_j) < E \leq \deg(f_{j-1})$$

gilt.

Beweis. Ein f_j mit den geforderten Eigenschaften existiert, da nach Gleichung 3.9 $f_l := \mathrm{ggT}(g, s)$ das Fehlerauswertungspolynom $\omega(x)$ teilt, sodass

$$\deg(f_l) \leq \deg(\omega(x)) < E$$

---

[11] Univariate Polynome sind Polynome in nur einer Variablen.

gilt. Außerdem ist $\deg(f_{i+1}) < \deg(f_i)$ und $\deg(f_0) = \deg(g) > E$, woraus die Existenz folgt. Die Eindeutigkeit folgt aus der Eigenschaft $\deg(f_{i+1}) < \deg(f_i)$. $\square$

Wie im folgenden Satz formuliert, treten $\sigma(x)$ und $\omega(x)$ genau in Iterationsschritt j mit den geforderten Eigenschaften auf.

Satz 3.16 (Eindeutigkeit von $\sigma(x)$, $\omega(x)$ bis auf multiplikative Konstante). Sei

$$f_j(x) = a_j(x)g(x) + b_j(x)s(x)$$

und

$$0 \leq \deg(f_j(x)) < E \leq \deg(f_{j-1}(x)).$$

Dann gilt

$$k\sigma(x) = b_j(x) \text{ und } k\omega(x) = f_j(x)$$

für eine Konstante $k \in \mathbb{F}_{q^m} \setminus \{0\}$.

$\sigma(x)$ und $\omega(x)$ sind also bis auf eine multiplikative Konstante ungleich Null eindeutig mittels des EEA berechenbar.

Beweis. Der Beweis ist an die Ausführungen von Pretzel angelehnt [21] und nutzt die folgenden drei Hilfslemmata. $\square$

Hilfslemma 1 Die Polynompaare $a_i(x)$ und $b_i(x)$ sind teilerfremd für $i = 0, \ldots, l$, wobei $f_l(x)$ den ggT von $g(x)$ und $s(x)$ bezeichnet.

Hilfslemma 2 Es gilt $\deg(b_i(x)) = \deg(g(x)) - \deg(f_{i-1}(x))$ für $i = 1, \ldots, l$.

Beide Hilfslemmata lassen sich per Induktion beweisen und werden hier nicht bewiesen.

Das letzte Hilfslemma bildet den Kern bei der Herleitung der Eindeutigkeit des Fehlerortungs- und Fehlerauswertungspolynoms. Es beweist, dass $\sigma(x)$ und $\omega(x)$ genau in Iterationsschritt j auftreten.

Hilfslemma 3 Es gilt

$$\sigma(x)f_j(x) = \omega(x)b_j(x) \text{ und } \sigma(x)a_j(x) = u(x)b_j(x).$$

Beweis des Hilfslemmas 3 . Nach dem EEA gilt

$$\sigma(x)f_j(x) = \sigma(x)\Big(a_j(x)g(x) + b_j(x)s(x)\Big)$$

und nach Gleichung 3.9

$$\omega(x)b_j(x) = \Big(s(x)\sigma(x) + u(x)g(x)\Big)b_j(x).$$

Aus der Subtraktion beider Terme folgt

$$\sigma(x)f_j(x) - \omega(x)b_j(x) = \Big(\sigma(x)a_j(x) - u(x)b_j(x)\Big)g(x). \qquad (3.11)$$

Da $\deg(\sigma(x)) = E$ und $\deg(f_j) < E$ folgt

$$\deg\Big(\sigma(x)f_j(x)\Big) < 2E \leq \deg(g(x)).$$

Außerdem gilt

$$\deg\Big(\omega(x)b_j(x)\Big) = \deg(\omega(x)) + \Big(\deg(g(x)) - \deg(f_{j-1}(x))\Big)$$
$$\leq E - 1 + \deg(g(x)) - E$$
$$< \deg(g(x)).$$

Also hat die linke Seite von Gleichung 3.11 nur Terme kleineren Grades als $g(x)$, sodass die linke Seite der Gleichung und der Term vor $g(x)$ auf der rechten Seite Null sein müssen. Insgesamt folgen daraus die Behauptungen

$$\sigma(x)f_j(x) = \omega(x)b_j(x) \text{ und}$$
$$\sigma(x)a_j(x) = u(x)b_j(x).$$

□

Aus den Hilfslemmata folgt Satz 3.16:
    Da der ggT von $\sigma(x)$ und $\omega(x)$ gleich Eins ist, folgt mit Lemma 3, dass $\sigma(x)$ das Polynom $b_j(x)$ teilt. Nach Hilfslemma 1 und 3 teilt aber auch $b_j(x)$ das Fehlerortungspolynom $\sigma(x)$. Insgesamt unterscheiden sich $\sigma(x)$ und $b_j(x)$ also nur um eine Einheit $k \in \mathbb{F}_{q^m}^\times$, wodurch die Aussage über $\sigma(x)$ bewiesen ist.

Nach Hilfslemma 3 gilt auch

$$\sigma(x)f_j(x) = \omega(x)b_j(x),$$

wobei $k\sigma(x) = b_j(x)$ gilt. Daraus folgt $k\omega(x) = f_j(x)$, wodurch der Satz bewiesen ist.

Aus Satz 3.16 folgt der Decodieralgorithmus nach Sugiyama, dessen Pseudocode in Algorithmus 3.1 dargestellt ist.

Algorithmus 3.1 Decodieralgorithmus für allgemeine Goppa Codes nach Sugiyama

---

1: **Input:** Empfangene Nachricht r, Goppa Code $\Gamma(L, g)$
2: Berechne das Syndrompolynom $s(x)$.
3: Wenn $s(x) = 0$ dann
4:    **Return** Fehlervektor $e = 0^n$
5: Berechne $b_j(x)$ und $f_j(x)$ mittels des EEA von $g(x)$ und $s(x)$ bis $\deg(f_j) < \lfloor \frac{t}{2} \rfloor$
6: Wenn $f_j = 0$ dann
7:    **Return:** „UNDECODABLE" (Es sind mehr als E Übertragungsfehler aufgetreten.)
8: Berechne die Fehlerpositionen. Hat $b_j(x)$ eine Nullstelle an der Stelle α_i, so ist ein Übertragungsfehler an der Stelle i aufgetreten.
9: Bestimme den Fehlerwert an den jeweiligen Fehlerpositionen mittels

$$e_i = \frac{\omega(\alpha_i)}{\sigma'(\alpha_i)} = \frac{f_j(\alpha_i)}{b_j'(\alpha_i)} \qquad (3.12)$$

10: **Return:** Fehlervektor e

Bemerkung 3.17 Die Fehlerwerte werden mittels Gleichung 3.12 korrekt berechnet, denn es gilt

$$\omega(\alpha_i) = \sum_{l \in I} e_l \prod_{j \in I \setminus \{l\}} (\alpha_i - \alpha_j) = e_i \prod_{j \in I \setminus \{i\}} (\alpha_i - \alpha_j).$$

Damit folgt

$$e_i = \frac{\omega(\alpha_i)}{\prod_{j \in I \setminus \{i\}} (\alpha_i - \alpha_j)}. \qquad (3.13)$$

Es gilt außerdem

$$\sigma'(x) = \sum_{i \in I} 1 \cdot \prod_{j \in I \setminus \{i\}} (x - \alpha_j), \text{ woraus}$$

$$\sigma'(\alpha_i) = \sum_{l \in I} \prod_{j \in I \setminus \{l\}} (\alpha_i - \alpha_j) = \prod_{j \in I \setminus \{i\}} (\alpha_i - \alpha_j) \text{ folgt.}$$

Einsetzen von $\sigma'(\alpha_i)$ in Gleichung 3.13 liefert Gleichung 3.12.

Es sei darauf hingewiesen, dass während des Algorithmus nur $b_j(x)$ und $f_j(x)$ bekannt sind und für die Fehlerkorrektur genutzt werden. Die Korrektheit des Algorithmus folgt direkt aus den zuvor präsentierten Überlegungen. Der Algorithmus terminiert, da der EEA nach Lemma 3.15 terminiert. Dabei ist die Anzahl der Iterationen j nach oben durch die Anzahl der tatsächlich aufgetretenen Fehler beschränkt, sodass der Decodieralgorithmus eine polynomielle Laufzeit hat. Für den Beweis wird an dieser Stelle auf das Paper „A Method for Solving Key Equation for Decoding Goppa Codes" von Sugiyama et al. verwiesen [26].

Bemerkung 3.18 Nach der Fehlerkorrektur liegt die ursprünglich versendete Nachricht als fehlerfreies Codewort vor. Die anschließend notwendige Decodierung des fehlerfreien Codewortes ist trivial und wird deshalb in dieser Arbeit nicht explizit betrachtet. Mithilfe des Algorithmus lässt sich somit aus einem fehlerhaften Codewort die ursprünglich codierte Nachricht effizient wiederherstellen.

Im folgenden Abschnitt wird ein für irreduzible binäre Goppa Codes optimierter Decodieralgorithmus vorgestellt. Aufgrund der höheren Minimaldistanz quadratfreier binärer Goppa Codes ist der Algorithmus in der Lage für Goppa-Polynome gleichen Grades mehr Fehler zu korrigieren als der Decodieralgorithmus nach Sugiyama.

3.3.2 Decodierung irreduzibler binärer Goppa Codes

In diesem Abschnitt wird der Decodieralgorithmus für irreduzible binäre Goppa Codes nach Patterson [20] skizziert. Er ermöglicht es für ein Goppa-Polynom vom Grad t bis zu t Fehler effizient zu korrigieren[12] und basiert ebenfalls auf der Lösung der fundamentalen Gleichung. Die Besonderheit des Algorithmus ist die Ausnut-

---

[12] Für irreduzible binäre Goppa Codes mit einem Goppa-Polynom $g(x)$ vom Grad t gilt für die Minimaldistanz $d \geq 2t+1$. Mit dieser Schranke sind also nur höchstens t Fehler garantiert korrigierbar.

zung der Binärität des zugrundeliegenden Goppa Codes. Dieser Abschnitt basiert auf den Arbeiten von Patterson [20] und dem Whitepaper der TU Eindhoven [16]. In Algorithmus 3.2 ist der Pseudocode des Algorithmus angegeben.

Algorithmus 3.2 Decodieralgorithmus für irreduzible binäre Goppa Codes nach Patterson

---

1: **Input:** Empfangene Nachricht r, irreduzibler binärer Goppa Code $\Gamma(L, g)$
2: Berechne das Syndrompolynom $s(x)$ und $s(x)^{-1}$ mittels des EEA.
3: Berechne $v(x) = \sqrt{s(x)^{-1} + x} \mod g(x)$.
4: Berechne mittels des EEA von $v(x)$ und $g(x)$ die Polynome $A(x)$, $B(x)$ für die gilt $B(x)v = A(x) \mod g(x)$ und $\deg(A(x)) \leq \lfloor \frac{t}{2} \rfloor$, $\deg(B(x)) \leq \lfloor \frac{t-1}{2} \rfloor$.
5: Bestimme $\sigma(x) = A^2(x) + B^2(x) \cdot x$.
6: Bestimme die Fehlerpositionen $F = \{i \in \{1, \ldots, n\} : \sigma(\alpha_i) = 0\}$ und somit den Fehlervektor e.13
7: **Return:** e

Die Notation und Vorgehensweise bei der Herleitung des Algorithmus ist analog zu Abschnitt 3.3.1.

[13]Die Ausnutzung der Binärität nutzt die Aussagen, die auch bei der Herleitung der Minimaldistanz irreduzibler binärer Goppa Codes genutzt wurden (siehe Abschnitt 3.2.3). Während der Übertragung des Codeworts c sei der Übertragungsfehler e mit Hamminggewicht höchstens t aufgetreten. Somit wurde die Nachricht $r = c + e$ empfangen. Da ein binärer Goppa Code vorliegt, kann der Fehlervektor an den Fehlerpositionen nur den Wert 1 annehmen, sodass dieser eindeutig aus dem Fehlerortungspolynom abgeleitet werden kann. Ziel ist es im Folgenden das Fehlerortungspolynom $\sigma(x)$ herzuleiten.

Analog zu Gleichung 3.8 gilt für das Syndrompolynom irreduzibler binärer Goppa Codes

$$s(x) = \frac{f'(x)}{f(x)} \mod g(x), \text{ mit}$$

$$f(x) = \prod_{i=1}^{n} (x - \alpha_i)^{c_i}.$$

Außerdem lässt sich $\sigma(x)$ zu

---

[13] Da ein binärer Goppa Code vorliegt, kann der Fehlervektor an den Fehlerpositionen nur den Wert 1 annehmen.

$$\sigma(x) = \prod_{i \in I}(x - \alpha_i) = \prod_{i=1}^{n}(x - \alpha_i)^{e_i} \text{ umschreiben, sodass}$$

$$s(x) = \frac{\sigma'(x)}{\sigma(x)} \bmod g(x)$$

gilt. Umstellen liefert

$$\sigma(x)s(x) = \sigma'(x) \bmod g(x). \tag{3.14}$$

Durch das Aufteilen von $\sigma(x)$ in Terme geraden und ungeraden Grades lässt sich $\sigma(x)$ zu

$$\sigma(x) = \bar{A}(x) + \bar{B}(x) \cdot x = A^2(x) + B^2(x) \cdot x \tag{3.15}$$

umschreiben. Die Berechnung der Quadratwurzel von $\bar{A}(x)$ und $\bar{B}(x)$ ist möglich, da alle Exponenten in diesen Termen gerade sind und nach Lem. 3.9 jedes Element in einem Körper der Charakteristik 2 eine Quadratwurzel besitzt. Unter der Ausnutzung des Lemmas „Freshman's dream" (Lemma 3.8) kann die Quadratwurzel von $\bar{A}(x)$ und $\bar{B}(x)$ durch Halbierung aller Exponenten und Bestimmung der Quadratwurzel aller Koeffizienten gewonnen werden.

Aus $\sigma(x) = A^2(x) + B^2(x) \cdot x$ folgt außerdem

$$\sigma'(x) = B^2(x). \tag{3.16}$$

Insgesamt gilt also mit Gleichung 3.14, Gleichung 3.15 und Gleichung 3.16

$$B^2(x) = \sigma'(x) = \sigma(x)s(x) \bmod g(x)$$

$$= \Big(A^2(x) + xB^2(x)\Big)s(x) \bmod g(x)$$

$$\Leftrightarrow A^2(x) = B^2(x)\left(\frac{1}{s(x)} + x\right) \bmod g(x)$$

$$\Leftrightarrow A(x) = B(x)\sqrt{\frac{1}{s(x)} + x} \bmod g(x). \tag{3.17}$$

[14]In obigem Term sei

$$\sqrt{\frac{1}{s(x)} + x}$$

---

[14] Ob hier $+x$ oder $-x$ gerechnet wird ist egal, da die Charakteristik des Körpers zwei ist und somit $-x = +x$ gilt.

im Folgenden mit $v(x)$ bezeichnet. Mit der neuen Definition gilt also

$$B(x)v(x) = A(x) \bmod g(x).$$

Aus Gleichung 3.15 und der Annahme, dass höchstens t Übertragungsfehler auftreten, folgt

$$\deg(\sigma(x)) \leq t,$$

$$\deg(A(x)) \leq \lfloor \frac{t}{2} \rfloor \text{ und}$$

$$\deg(B(x)) \leq \lfloor \frac{t-1}{2} \rfloor.$$

Aus den Überlegungen und der Berechenbarkeit des Syndrompolynoms aus der empfangenen Nachricht (siehe Lemma 3.13) folgt unmittelbar Algorithmus 3.2 nach Patterson. Dabei ist $v(x)$ direkt aus dem Syndrompolynom berechenbar und die Polynome $A(x)$ und $B(x)$ lassen sich mittels des EEA von $v(x)$ und $g(x)$ berechnen, da in jedem Schritt k des EEA

$$A_k(x) = B_k(x)v(x) + h_k(x)g(x)$$

mit geeignetem $h_k(x)$ gilt. Der euklidische Algorithmus wird abgebrochen, wenn die Bedingung an die Polynomgrade erfüllt ist, sodass der Decodieralgorithmus terminiert. Aus den ermittelten Polynomen lassen sich das Fehlerortungspolynom und damit der Fehlervektor e bestimmen, woraus die Korrektheit folgt. Nach McEliece habe der Decodieralgorithmus zudem eine Laufzeit von $O(nt)$, sodass es sich um einen effizienten Decodieralgorithmus handelt (vgl. [17]).

Eine Übersicht über die Herleitung der Minimalabstände und Decodieralgorithmen für allgemeine und binäre Goppa Codes und die Zusammenhänge der einzelnen Lemmata ist im elektronischen Zusatzmaterial in Anhang A gegeben.

Im folgenden Kapitel wird mittels der hier vorgestellten effizienten Decodieralgorithmen für Goppa Codes das McEliece Kryptosystem eingeführt. Dabei wird angenommen, dass irreduzible binäre Goppa Codes vorliegen und mit dem Decodieralgorithmus nach Patterson decodiert werden. Prinzipiell ist die Verwendung eines beliebigen Decodieralgorithmus möglich, sofern der Grad des Goppa-Polynoms an die geforderte Korrekturkapazität angepasst wird.

Das McEliece-Kryptosystem und seine Varianten

4

Aufbauend auf den Erkenntnissen über Goppa Codes ist es nun möglich das McEliece-Kryptosystem und seine Varianten einzuführen. Bei dem Verfahren handelt es sich um ein codebasiertes asymmetrisches Verschlüsselungsverfahren, das auf den folgenden zwei Annahmen beruht.

1. Binäre Goppa Codes sind nicht unterscheidbar von zufälligen linearen Codes.
2. Zufällige lineare Codes sind aufgrund des General-Decoding-Problems sowohl auf Digitalrechnern als auch Quantencomputern nicht effizient decodierbar.

Das General-Decoding-Problem, auf dem die kryptografische Einwegfunktion des McEliece-Verfahrens basiert, ist wie folgt definiert.

Definition 4.1 (General Decoding). Gegeben sei ein empfangenes Wort x, decodiere x zu dem am dichtesten liegenden Codewort c eines beliebigen Codes (bzgl. der Hamming-Distanz).

Bemerkung 4.2 Sei $x = c + e$, wobei e den Übertragungsfehler bezeichnet, so ist das Finden von e äquivalent zum General-Decoding-Problem.

Ergänzende Information Die elektronische Version dieses Kapitels enthält Zusatzmaterial, auf das über folgenden Link zugegriffen werden kann
https://doi.org/10.1007/978-3-658-46743-2_4.

F. P. Paul, *Codebasierte Post-Quanten-Kryptografie*, BestMasters,
https://doi.org/10.1007/978-3-658-46743-2_4

Es existieren viele Codefamilien mit effizienten Decodierverfahren (zum Beispiel Goppa Codes), aber das allgemeine General-Decoding-Problem ist NP-schwer [2]. Mittels eines effizienten Decodieralgorithmus für Goppa Codes und der Schwere des General-Decoding-Problems ist die Grundlage für die kryptografische Einwegfunktion des McEliece-Kryptosystems gegeben.

In den folgenden Abschnitten werden irreduzible binäre Goppa Codes verwendet, da für diese die Ununterscheidbarkeit von zufälligen linearen Codes weiterhin angenommen wird. Es wird also ein irreduzibles Goppa-Polynom vom Grad t über $\mathbb{F}_{2^m}$ verwendet. Für die Dimension des Codes gilt $k \geq n - tm$, wobei n die Länge des Supports bezeichnet.[1] Der Code ist in der Lage bis zu t Fehler zu korrigieren und es existiert ein effizienter Decodieralgorithmus, wie im Kapitel über Goppa Codes bewiesen wurde.

Bemerkung 4.3 (Verwendung irreduzibler binärer Goppa Codes). Prinzipiell könnte man im McEliece-Kryptosystem eine beliebige lineare Codeklasse verwenden, für die die erste Annahme (siehe 1) gilt. Jedoch stellte sich für viele vorgeschlagene Codeklassen, wie beispielsweise Reed-Solomon Codes, Concatenated Codes und Low-Density Parity Check Codes, die Annahme der Ununterscheidbarkeit als falsch heraus, weshalb sie nicht für das McEliece-Kryptosystem geeignet sind [22].

Notation (Unterscheidung der Kryptosysteme). Im Folgenden wird das *McEliece-Kryptosystem* eingeführt, das vom *Classic McEliece-Kryptosystem* zu unterscheiden ist. Das McEliece-Kryptosystem ist das ursprünglich vorgestellte Verfahren, das anschließend mit Niederreiters Variante optimiert wurde. Das Classic McEliece-System trägt in Anerkennung der Leistungen von McEliece dessen Namen, basiert aber auf Niederreiters Variante und ist ein CCA-2 sicheres codebasiertes Schlüsseltransportverfahren (KEM). Der genaue Zusammenhang der Systeme wird in den folgenden Abschnitten deutlich und ist in Abbildung 4.1 dargestellt.

---

[1] Im ursprünglichen Paper von McEliece wurde $n = 2^m$ angenommen. Diese Einschränkung wird hier nicht vorgenommen.

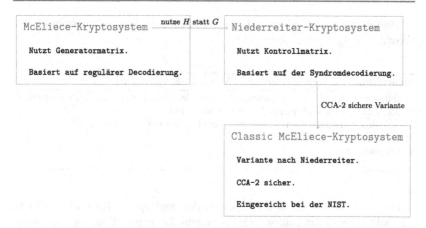

Abbildung 4.1 Zusammenhang der Kryptosysteme

4.1 Das McEliece-Kryptosystem

Der folgende Abschnitt hat das Original-Paper von McEliece [17] und das Whitepaper der TU Eindhoven [16] zur Grundlage und präsentiert das McEliece-Kryptosystem.

Schlüsselerzeugung, Ver- und Entschlüsselung
Das McEliece-Kryptosystem besteht aus drei Algorithmen; einem Algorithmus für die Schlüsselerzeugung (Algorithmus 4.1), einem Verschlüsselungsalgorithmus (Algorithmus 4.2) und einem Entschlüsselungsalgorithmus (Algorithmus 4.3). Dabei bezeichnen k_{priv} und k_{pub} jeweils den privaten und öffentlichen Schlüssel.
Die Generierung der Schlüssel erfolgt gemäß nachstehendem Pseudocode.

Algorithmus 4.1 Schlüsselerzeugung im McEliece-Kryptosystem

1: Wähle m, n, den Support L und ein irreduzibles Goppa-Polynom $g(x)$ vom Grad t aus $\mathbb{F}_{2^m}$.
2: Berechne die $k \times n$ Generatormatrix G des Codes.
3: Wähle eine zufällige invertierbare $k \times k$ Matrix S.
4: Wähle eine zufällige $n \times n$ Permutationsmatrix P.
5: Berechne die öffentliche Generatormatrix $G' = SGP$.
6: **Return:** k_{pub}: $G', t, m, (k, n)$, k_{priv} : S, P, L, g

---

Mithilfe des in Algorithmus 4.1 erzeugten Schlüssels kann eine asymmetrische Verschlüsselung durchgeführt werden.

Algorithmus 4.2 Verschlüsselung im McEliece-Kryptosystem

1: Teile die zu verschlüsselnde Nachricht in Blöcke der Länge k. Ein solcher Block entspricht der zu sendenden Nachricht und sei mit m bezeichnet.
2: Generiere einen zufälligen Fehlervektor e der Länge n mit Gewicht t.
3: Berechne $r = mG' + e$.
4: **Versende:** r

Der Adressat ist dann in der Lage, aus der empfangenen Nachricht r mittels des nachfolgenden Entschlüsselungsalgorithmus die ursprüngliche Nachricht m zu rekonstruieren.

Algorithmus 4.3 Entschlüsselung im McEliece-Kryptosystem

1: Berechne $r' = rP^{-1} = mSG + e'$ ($e' := eP^{-1}$).
2: Wende einen effizienten Decodieralgorithmus für Goppa Codes an und erhalte somit $m' = mS$.
3: Berechne $m = m'S^{-1}$.
4: **Return:** m

Zur Schlüsselerzeugung und zum Entschlüsselungsalgorithmus sind folgende Bemerkungen angebracht.

Bemerkung 4.4 (Schlüsselerzeugung).

- Die Wahl eines irreduziblen Polynoms ist effizient möglich, da die Wahrscheinlichkeit, dass ein beliebiges Polynom irreduzibel ist, nach McEliece $1/t$ beträgt und effiziente Algorithmen zum Testen auf Irreduzibilität existieren würden (vgl. [17]).
- Die öffentliche Generatormatrix G' erzeugt einen linearen Code, der die gleiche Minimaldistanz wie der von G erzeugte Code hat.
- Aus der Dimension von G' lassen sich die Parameter k und n ableiten, weshalb sie nicht extra veröffentlich werden müssten.

Durch die Konstruktion von G' muss ein Angreifer (ohne Kenntnis von k_{priv}) das General-Decoding-Problem lösen, um eine Fehlerkorrektur vorzunehmen. Der Empfänger kann jedoch mit der Kenntnis von k_{priv} eine empfangene Nachricht mittels des effizienten Decodieralgorithmus für Goppa Codes decodieren.

Bemerkung 4.5 (Entschlüsselungsalgorithmus).

- In der Berechnung im ersten Schritt bezeichnet e' das Produkt $e P^{-1}$. Dabei haben sowohl e, als auch e' das gleiche Hamminggewicht t, da sie nur eine Umsortierung des jeweils anderen Vektors darstellen. Daraus resultiert, dass beide Fehler gleichermaßen korrigiert werden können. Eine ausführliche Herleitung der Berechnung aus Schritt 1 sieht wie folgt aus.

$$r' = r P^{-1} = (mG' + e)P^{-1} = mSGPP^{-1} + eP^{-1} = mSG + eP^{-1}$$

- In Schritt 2 wird nicht nur der Fehler e' korrigiert, sondern auch eine Decodierung zum zuvor mit G codierten Wort mS vorgenommen.
- Der verwendete Decodieralgorithmus muss effizient sein und für Goppa-Polynome vom Grad t in der Lage sein, bis zu t Fehler garantiert zu korrigieren. Ein möglicher Decodieralgorithmus ist der zuvor vorgestellte Algorithmus nach Patterson für binäre Goppa Codes. Sollte der Decodieralgorithmus eine niedrigere Korrekturkapazität aufweisen, muss der Grad des Goppa-Polynoms und das Gewicht des Fehlervektors entsprechend geändert werden.

Optimierung des Systems

Anstatt eine Vertauschung der Zeilen der Generatormatrix vorzunehmen, kann auch eine Permutation des Supports L vorgenommen werden, da dies zu einer Permutation der Spalten der Kontrollmatrix und damit zu einer Permutation der Zeilen der Generatormatrix führt. Wird der Support in einer beliebigen Reihenfolge gewählt, kann also auf die Permutationsmatrix verzichtet werden.

Zudem eliminiert eine Konvertierung der Generatormatrix in systematische Form implizit die Multiplikation mit der zufällig generierten, invertierbaren Matrix S. Dadurch ist die Generatormatrix G in systematischer Form $(I_k | G'')$ und es kann auf die Speicherung des $k \times k$ Blocks der Identitätsmatrix verzichtet werden.

Mit den Optimierungen ergeben sich folgende, weniger speicherintensive Schlüssel:

- $k_{pub} : G'', t, m, (k, n)$
- $k_{priv} : L, g$

Es wurden also der $k \times k$ Identitätsmatrix-Block von G, die $k \times k$ Matrix S und die $n \times n$ Matrix P eingespart, wodurch sowohl der private Schlüssel als auch der öffentliche Schlüssel verkürzt wurden. Die Decodierung funktioniert nach wie vor, da anstelle der Multiplikation mit S^{-1} das Ablesen der ersten k Bits ausreicht, um die Nachricht m aus m' zu berechnen. Eine kompakte Übersicht der Veränderung der Schlüssel ist in Abbildung 4.2 gegeben.

Ohne Optimierung				Mit Optimierung	
k_{pub}	$G'_{k \times n}, t, m, (k, n)$	$(V_k\|G''), S_{k \times k}, P_{n \times n}$	k_{pub}	$G''_{k \times (n-k)}, t, m, (k, n)$	
k_{priv}	$S_{k \times k}, P_{n \times n}, L, g$		k_{priv}	L, g	
Chiffrat	Länge n		Chiffrat	Länge n	

Abbildung 4.2 Optimierung der McEliece-Schulbuchversion

Ein Nachteil dieses Vorgehens ist, dass die ursprünglich zu verschlüsselnde Nachricht, bis auf die eingefügten Fehler, direkt aus dem Chiffrat abgelesen werden kann. Dies ist dem Umstand geschuldet, dass die Generatormatrix in systematischer Form vorliegt. Aus dem Kontext könnte ein Angreifer trotz der eingefügten Fehler in der Lage sein, die Nachricht zu rekonstruieren. Eine Lösung des Problems ist es, ausschließlich zufällig generierte Nachrichten zu verschlüsseln, die als Schlüssel für eine symmetrische Verschlüsselung genutzt werden. Die im folgenden Abschnitt vorgestellte Niederreiter-Variante des McEliece-Kryptosystems hat dieses Problem nicht.

4.2   Das Niederreiter-Kryptosystem

In diesem Abschnitt wird die von Niederreiter 1986 vorgestellte Variante des McEliece-Kryptosystems präsentiert. Das Niederreiter-Kryptosystem basiert auf den Ideen des McEliece-Kryptosystems, nutzt aber die Kontrollmatrix statt der Generatormatrix zur Verschlüsselung. Damit wird anstelle eines fehlerhaften Codewortes ein Syndrom versendet. Das Verfahren von Niederreiter erlaubt eine effizientere Implementierung und bildet deshalb die Basis für das Classic McEliece-Verfahren, das im NIST Wettbewerb für Post-Quanten-Kryptografie eingereicht wurde.

Die Vorstellung des Niederreiter-Kryptosystems basiert auf der Arbeit von Singh [25].

Schlüsselerzeugung, Ver- und Entschlüsselung

Das Verfahren besteht analog zum McEliece-Verfahren aus einem Algorithmus für die Schlüsselerzeugung (Algorithmus 4.4), einem für die Verschlüsselung (Algorithmus 4.5) und einem für die Entschlüsselung (Algorithmus 4.6).

Algorithmus 4.4 Schlüsselerzeugung im Niederreiter-Kryptosystem

---

1: Wähle m, n, den Support L und ein irreduzibles Goppa-Polynom $g(x)$ vom Grad t aus $\mathbb{F}_{2^m}$.
2: Berechne die $(n - k) \times n$ Kontrollmatrix H des Codes.
3: Wähle eine zufällige dichte invertierbare $(n - k) \times (n - k)$ Matrix S.
4: Wähle eine zufällige $n \times n$ Permutationsmatrix P.
5: Berechne die öffentliche Kontrollmatrix $H' = SHP$.
6: **Return:** $k_{pub} : H', t, m, (k, n)$, $k_{priv} : S, P, L, g$

Mithilfe des in Algorithmus 4.4 erzeugten Schlüssels kann eine asymmetrische Verschlüsselung durchgeführt werden.

Algorithmus 4.5 Verschlüsselung im Niederreiter-Kryptosystem

1: Sei m die zu versendende Nachricht der Länge n mit Hamminggewicht t.
2: Berechne $r = H'm^T$.
3: **Versende:** r

Der Adressat ist dann in der Lage, aus der empfangenen Nachricht r mittels des nachfolgenden Entschlüsselungsalgorithmus die ursprüngliche Nachricht m zu rekonstruieren.

Algorithmus 4.6 Entschlüsselung im Niederreiter-Kryptosystem

1: Berechne $r' = S^{-1}r = Hm'$ $(m' := Pm^T)$.
2: Wende einen effizienten Decodieralgorithmus für Goppa Codes an und erhalte somit $m' = Pm^T$.
3: Berechne $m^T = P^{-1}m'$.
4: **Return:** m

Zur Schlüsselerzeugung und zum Entschlüsselungsalgorithmus sind folgende Bemerkungen angebracht.

Bemerkung 4.6 (Schlüsselerzeugung).

- Die zu versendende Nachricht darf höchstens Hamminggewicht t haben. Da eine beliebige Nachricht diese Anforderung im Allgemeinen nicht erfüllt, müssen Nachrichten entweder vorher entsprechend codiert werden oder das System wird zum Versand von zufällig generierten Nachrichten mit Hamminggewicht t genutzt, die als symmetrische Schlüssel verwendet werden.
- Die Nachricht m entspricht dem Fehlervektor e der klassischen Syndromdecodierung.

Bemerkung 4.7 (Entschlüsselungsalgorithmus).

- In der Berechnung im ersten Schritt bezeichnet m' das Produkt Pm^T. Dabei haben sowohl m, als auch m' das gleiche Hamminggewicht t, da sie nur eine Umsortierung des jeweils anderen Vektors darstellen. Daraus resultiert, dass beide Fehler gleichermaßen korrigiert werden können.

Optimierung des Systems

Auch dieses Verfahren kann analog zum McEliece-Verfahren optimiert werden. Durch die Wahl des Supports in beliebiger Reihenfolge und die Berechnung der systematischen Form der Kontrollmatrix $(H''|I_{n-k})$ kann auch hier auf die Matrizen S und P verzichtet werden. Zudem kann auf die Speicherung des $(n-k) \times (n-k)$ Blocks der Identitätsmatrix verzichtet werden. Mit den Optimierungen ergeben sich folgende, weniger speicherintensive Schlüssel.

- $k_{pub} : H'', t, m, (k, n)$
- $k_{priv} : L, g$

Es wurde also der $(n-k) \times (n-k)$ Identitätsmatrix-Block der Kontrollmatrix H, die $(n-k) \times (n-k)$ Matrix S und die $n \times n$ Matrix P eingespart, wodurch der private Schlüssel, als auch der öffentliche Schlüssel verkürzt wurden. Eine kompakte Übersicht der Veränderung der Schlüssel ist in Abbildung 4.3 gegeben.

Ohne Optimierung				Mit Optimierung	
k_{pub}	$H'_{(n-k)\times n}$, t, m, (k, n)	$\xrightarrow{(H''\|I_{n-k}),\ S_{(n-k)\times(n-k)},\ P_{n\times n}}$	k_{pub}	$H''_{(n-k)\times k}$, t, m, (k, n)
k_{priv}	$S_{(n-k)\times(n-k)}$, $P_{n\times n}$, L, g		k_{priv}	L, g
Chiffrat	Länge $(n-k)$		Chiffrat	Länge $(n-k)$

Abbildung 4.3 Optimierung der Niederreiter-Schulbuchversion

4.3 Vergleich des McEliece- und Niederreiter-Kryptosystems

Basierend auf den vorherigen Abschnitten wird in diesem Teil der Ausarbeitung ein Vergleich zwischen dem McEliece- und Niederreiter-Kryptosystem angestellt. Eine Gemeinsamkeit beider optimierten Varianten der Systeme ist ihr identischer Speicherplatzbedarf für den öffentlichen und privaten Schlüssel. Folglich stellt die absolute Größe des öffentlichen Schlüssels das Haupthindernis für eine Verbreitung beider Systeme in der Praxis dar.

Ein entscheidender Unterschied zwischen den Systemen ist jedoch die Länge der Geheimtexte. Im McEliece-Kryptosystem haben diese die Länge n und im Niederreiter-System nur die Länge $(n-k)$, woraus in der Praxis weniger Datenaustausch resultiert. Des Weiteren enthält der Geheimtext des Niederreiter-Systems keine direkte Kopie der zu versendenden Nachricht. Dafür können Nachrichten im Niederreiter-System höchstens Hamminggewicht t haben, wohingegen die Nachrichten im McEliece-System nicht dieser Einschränkung unterliegen.

Äquivalenz der Kryptosysteme

Obwohl das Niederreiter-Kryptosystem effizienter als das McEliece-System ist, sind die zugrundeliegenden mathematischen Probleme beider Systeme aus der Sicherheitsperspektive äquivalent. Die folgenden Ausführungen sind an das Buch „Code based Cryptography: Classic McEliece" von Harshdeep Singh [25] angelehnt.

Das McEliece-Kryptosystem basiert auf dem regulären Entschlüsselungsproblem, bei dem zu einer empfangenen Nachricht r das am dichtesten gelegene Codewort c mit $r = c + e$ gefunden werden muss. Dabei bezeichnet e den hinzugefügten Fehlervektor.

Das Niederreiter-Kryptosystem basiert auf dem Syndromdecodierungsproblem, bei dem der Fehlervektor e aus dem Syndrom $s = Hr$ der empfangenen Nachricht r berechnet werden muss. Dabei sei mit H die Kontrollmatrix des Codes bezeichnet.

Folgende Reduktion basierend auf der Analyse von Deng und Wang [14] beweist die Äquivalenz der theoretischen Sicherheit der Systeme. Es sei darauf hingewiesen, dass die Kontrollmatrix und die Generatormatrix jederzeit ineinander umgerechnet werden können. Somit sind die für die Kryptosysteme benötigten Matrizen stets bekannt.

Syndromdecodierung $\to$ reguläre Decodierung

Beweis. Sei das Niederreiter-Verfahren geknackt worden und damit eine Syndromdecodierung möglich. Ziel ist es mittels Syndromdecodierung die reguläre Decodierung durchzuführen.

Sei eine Nachricht $r = c+e$ empfangen worden. Berechne das Syndrom $s = Hr$. Wende die Syndromdecodierung an und erhalte somit e. Berechne anschließend $c = r - e$. Damit wurde aus der Syndromdecodierung eine reguläre Decodierung abgeleitet. $\square$

Syndromdecodierung $\leftarrow$ reguläre Decodierung

Beweis. Sei das McEliece-Verfahren geknackt worden und damit eine reguläre Decodierung möglich. Ziel ist es nun mittels regulärer Entschlüsselung die Syndromdecodierung durchzuführen.

Sei das Syndrom $s = He$ gegeben. Ziel ist es den Fehlervektor e zu bestimmen, wobei im Niederreiter-Kryptosystem die gesendete Nachricht m gerade e entspricht. Durch Lösen des linearen Gleichungssystems $s = Hc^T$ kann der Vektor c der Dimension n mit $wt(c) \geq t$ gefunden werden. Damit ist $c = mG + e$. Dabei ist das Hamminggewicht von e a priori höchstens t, sodass mittels der regulären Decodierung die versendete Nachricht bzw. der gesuchte Fehlervektor e bestimmt werden kann.

Liegt die Kontrollmatrix H in systematischer Form $(H''|I_{n-k})$ vor, so lassen sich die Operationen der linearen Algebra explizit formulieren. Betrachte $c = (0^k\|s)$, wobei $\|$ die Konkatenation und 0^k den Vektor bestehend aus k Nullen bezeichnet. Es gilt $Hc = s$, sodass der entsprechende Vektor zum empfangenen Syndrom bestimmt wurde. Mittels der regulären Entschlüsselung kann nun aus c der Fehler entfernt werden und somit m bestimmt werden. Berechne anschließend $e = c - m$. Damit wurde aus der regulären Decodierung die Syndromdecodierung abgeleitet. $\square$

Insgesamt sind also die den Kryptosystemen zugrundeliegenden Probleme der Syndromdecodierung und regulären Decodierung äquivalent.

Bemerkung 4.8 (Niederreiter ist gebrochen!?). In der ursprünglich vorgestellten Version von Niederreiters System wurden binär verkettete (104,24, 31)-Codes und (30, 12, 19)-Reed-Solomon-Codes über GF(31) verwendet. Diese Beispiele stellten sich in einer Analyse von Brickell and Odlyzko als unsicher heraus. Dies lag jedoch an den verwendeten Codeklassen und nicht an dem System. Das Niederreiter-System, instanziiert mit irreduziblen binären Goppa Codes, gilt mit geeigneten Parametern (wie das McEliece-Kryptosystem) als sicher.

In Tabelle 4.1 ist eine Zusammenfassung des Vergleichs zwischen dem McEliece-Kryptosystem und der Variante nach Niederreiter gegeben.

Tabelle 4.1 Vergleich des McEliece-Kryptosystems und der Variante nach Niederreiter

	McEliece (1978)		Niederreiter (1986)
Sicherheits-annahmen	Ununterscheidbarkeit binärer Goppa Codes		
	General Decoding Problem nicht effizient lösbar		
	Irreduzible binäre Goppa Codes[2]		
nutzt	**Generatormatrix**	⇔	**Kontrollmatrix**
	reguläre Decodierung		**Syndromdecodierung**
	Unoptimierte Varianten		
k_{pub}	$G'_{k \times n}$, t, m, (k, n)		$H'_{(n-k) \times n}$, t, m, (k, n)
k_{priv}	$S_{k \times k}$, $P_{n \times n}$, L, g		$S_{(n-k) \times (n-k)}$, $P_{n \times n}$, L, g
Chiffratlänge	**n** ↯		**n-k** ✓
	Optimierte Varianten		
k_{pub}	$G''_{k \times (n-k)}$, t, m, (k, n)	🗄	$H''_{(n-k) \times k}$, t, m, (k, n)
k_{priv}	L, g	⇔	L, g
Chiffratlänge	**n** ↯		**n-k** ✓
Bemerkung	Nachricht in Chiffrat enthalten ↯		Nur Nachrichten mit
			Hamminggewicht höchstens t ↯
	Nicht empfohlen ↯		Vorzuziehen ✓

---

[2] Ursprünglich hat Niederreiter keine binären Goppa Codes vorgeschlagen. Siehe Bemerkung 4.8 für nähere Informationen.

Nachdem die theoretische Sicherheitsäquivalenz beider Systeme gezeigt wurde und der theoretische Vergleich beider Systeme somit abgeschlossen ist, werden im Folgenden konkrete Beispiele angeführt.

4.4   Beispiel

In diesem Abschnitt wird jeweils ein Beispiel für die Verwendung der *optimierten Version* des McEliece- und des Niederreiter-Kryptosystems präsentiert. Die Kontrollmatrix wird in diesem Beispiel nur durch Multiplikation der Matrizen X und Y (ohne die invertierbare Matrix C) berechnet. Es sei auch darauf hingewiesen, dass durch die Implementierung der systematischen Form die Generatormatrix G die Form $(G''|I_k)$ anstelle von $(I_k|G'')$ hat. Die Kontrollmatrix hat die Form $(I_{n-k}|H'')$ anstelle von $(H''|I_{n-k})$. Außerdem wird in diesem Beispiel zur besseren Vergleichbarkeit beider Systeme der gleiche zugrundeliegende Goppa Code gewählt und ähnliche Nachrichten versendet. Die konkrete Implementierung dieses Beispiels ist im elektronischen Zusatzmaterial in „Anhang B: Implementierung in SageMath" angegeben.[3]

Wahl des Goppa Codes und Berechnung der Kontrollmatrix
Im Beispiel werden als Parameter

- $m = 4$,
- $t = 3$,
- $n = 2^m = 16$

und folglich $k = n - m \cdot t = 4$ gewählt. Zur Erzeugung des endlichen Körpers $\mathbb{F}_{2^m}$ wird das irreduzible Polynom

$$f(z) = z^4 + z + 1$$

gewählt. Andere mögliche Polynome wären $z^4 + z^3 + 1$ und $z^4 + z^3 + z^2 + z + 1$. Die Elemente des endlichen Körpers sind in Tabelle 4.2 aufgelistet.

---

[3] **Elektronisches Zusatzmaterial** Die elektronische Version dieses Kapitels enthält Zusatzmaterial, das berechtigten Benutzern zur Verfügung steht.

Tabelle 4.2 Elemente des Körpers $\mathbb{F}_{2^4}$

0: 0	1: z	2: z^2
3: z^3	4: $z + 1$	5: $z^2 + z$
6: $z^3 + z^2$	7: $z^3 + z + 1$	8: $z^2 + 1$
9: $z^3 + z$	10: $z^2 + z + 1$	11: $z^3 + z^2 + z$
12: $z^3 + z^2 + z + 1$	13: $z^3 + z^2 + 1$	14: $z^3 + 1$
15: 1.		

Als Goppa-Polynom wird das irreduzible binäre Polynom

$$g(x) = x^3 + x + 1$$

gewählt. Das einzige andere, irreduzible, binäre Polynom wäre mit den gewählten Parametern $g(x) = x^3 + x^2 + 1$. Neben diesen binären, irreduziblen Polynomen wären aber auch beliebige irreduzible Polynome mit Koeffizienten in $\mathbb{F}_{2^m}$ vom Grad t wie beispielsweise

- $(z^3 + z^2 + 1) \cdot x^3 + (z^2 + z) \cdot x^2 + (z^3 + z^2 + z) \cdot x + z^3 + z$,
- $(z^2 + z) \cdot x^3 + x^2 + z^2 \cdot x + 1$,
- $(z + 1) \cdot x^3 + (z^3 + z + 1) \cdot x^2 + (z^3 + z^2) \cdot x + z^3$

möglich.

Als Support werden alle Elemente des Körpers in der wie in Tabelle 4.2 angegebenen Reihenfolge gewählt. Hier wäre auch eine Teilmenge der Elemente des Körpers in einer beliebigen Reihenfolge möglich. Wichtig ist bei der Wahl des Supports nur, dass die Kontrollmatrix in die systematische Form konvertierbar sein muss, da hier die optimierten Versionen der Kryptosysteme vorgestellt werden. Sollte dies nicht möglich sein, wird bei der im elektronischen Zusatzmaterial in Anhang B angegebenen Implementierung automatisch ein neuer, zufälliger Support gewählt und eine entsprechende Warnung ausgegeben.

Durch die Wahl des Goppa-Polynoms und des Supports sind die Matrizen X und Y (und C) für die Berechnung der Kontrollmatrix durch

$$X_{t \times n} = \begin{pmatrix} 1 & 1 & 1 & 1 & 1 \dots 1 \\ 0 & z & z^2 & z^3 & z + 1 \dots 1 \\ 0 & z^2 & z + 1 & z^3 + z^2 & z^2 + 1 \dots 1 \end{pmatrix}$$

und

$$Y_{n \times n} = \mathrm{diag}(1, z^2 + 1, z, z^3 + z^2 + z, z^2, z^2 + z + 1,$$
$$z^3 + z + 1, z^2 + z + 1, z + 1, z^3 + z^2 + 1,$$
$$z^2 + z, z^2 + z, z^3 + 1, z^2 + z + 1, z^2 + z, 1)$$

$$\left(\text{und } C_{t \times t} = \begin{pmatrix} 1 & 0 & 0 \\ 0 & 1 & 0 \\ 1 & 0 & 1 \end{pmatrix} \right)$$

gegeben. Die Matrix C ist hier nur der Vollständigkeit wegen angegeben, obwohl sie im Folgenden nicht genutzt wird.

Die Kontrollmatrix $H = XY$ hat über $\mathbb{F}_{2^m}$ die Form

$$\begin{pmatrix} 1 & z^2 + 1 & z & z^3 + z^2 + z & z^2 & \dots & 1 \\ 0 & z^3 + z & z^3 & z^3 + 1 & z^3 + z^2 & \dots & 1 \\ 0 & z^2 + z + 1 & z^2 + z & z^2 & z^2 + z + 1 & \dots & 1 \end{pmatrix}$$

mit Dimension 3×16. Über $\mathbb{F}_2$ ergibt sich damit eine Kontrollmatrix

$$\begin{pmatrix}
1 & 1 & 0 & 0 & 0 & 1 & 1 & 1 & 1 & 0 & 0 & 1 & 1 & 0 & 1 \\
0 & 0 & 1 & 1 & 0 & 1 & 1 & 1 & 0 & 1 & 1 & 0 & 1 & 1 & 0 \\
0 & 1 & 0 & 1 & 1 & 1 & 0 & 1 & 0 & 1 & 1 & 1 & 0 & 1 & 1 & 0 \\
0 & 0 & 0 & 1 & 0 & 0 & 1 & 0 & 0 & 1 & 0 & 0 & 1 & 0 & 0 & 0 \\
0 & 0 & 0 & 1 & 0 & 1 & 1 & 0 & 1 & 1 & 1 & 0 & 0 & 1 & 1 & 1 \\
0 & 1 & 0 & 0 & 0 & 0 & 0 & 1 & 1 & 0 & 1 & 1 & 0 & 1 & 0 \\
0 & 0 & 0 & 0 & 1 & 0 & 1 & 1 & 1 & 0 & 0 & 0 & 1 & 1 & 0 & 0 \\
0 & 1 & 1 & 1 & 1 & 0 & 1 & 0 & 1 & 1 & 0 & 0 & 1 & 0 & 0 & 0 \\
0 & 1 & 0 & 0 & 1 & 0 & 1 & 0 & 0 & 0 & 1 & 1 & 1 & 0 & 0 & 1 \\
0 & 1 & 1 & 0 & 1 & 1 & 1 & 1 & 1 & 1 & 1 & 0 & 0 & 0 & 0 \\
0 & 1 & 1 & 1 & 1 & 1 & 0 & 0 & 1 & 0 & 1 & 1 & 1 & 1 & 0 & 0 \\
0 & 0 & 0 & 0 & 0 & 0 & 1 & 0 & 0 & 0 & 1 & 0 & 1 & 1 & 0
\end{pmatrix}$$

der Dimension 12×16 und ist in systematischer Form durch

$$
\begin{pmatrix}
1 & 0 & 0 & 0 & 0 & 0 & 0 & 0 & 0 & 0 & 0 & 0 & 1 & 1 & 0 & 0 \\
0 & 1 & 0 & 0 & 0 & 0 & 0 & 0 & 0 & 0 & 0 & 0 & 1 & 1 & 1 & 1 \\
0 & 0 & 1 & 0 & 0 & 0 & 0 & 0 & 0 & 0 & 0 & 0 & 1 & 0 & 0 & 1 \\
0 & 0 & 0 & 1 & 0 & 0 & 0 & 0 & 0 & 0 & 0 & 0 & 1 & 0 & 0 & 0 \\
0 & 0 & 0 & 0 & 1 & 0 & 0 & 0 & 0 & 0 & 0 & 0 & 1 & 1 & 1 & 1 \\
0 & 0 & 0 & 0 & 0 & 1 & 0 & 0 & 0 & 0 & 0 & 0 & 0 & 0 & 1 & 1 \\
0 & 0 & 0 & 0 & 0 & 0 & 1 & 0 & 0 & 0 & 0 & 0 & 1 & 1 & 1 & 0 \\
0 & 0 & 0 & 0 & 0 & 0 & 0 & 1 & 0 & 0 & 0 & 0 & 0 & 1 & 0 & 0 \\
0 & 0 & 0 & 0 & 0 & 0 & 0 & 0 & 1 & 0 & 0 & 0 & 1 & 0 & 0 & 1 \\
0 & 0 & 0 & 0 & 0 & 0 & 0 & 0 & 0 & 1 & 0 & 0 & 1 & 1 & 1 & 0 \\
0 & 0 & 0 & 0 & 0 & 0 & 0 & 0 & 0 & 0 & 1 & 0 & 0 & 1 & 0 & 1 \\
0 & 0 & 0 & 0 & 0 & 0 & 0 & 0 & 0 & 0 & 0 & 1 & 0 & 0 & 1 & 0 \\
\end{pmatrix}
$$

gegeben. Die vorgestellten Berechnungen sind bis hier für beide Kryptosysteme identisch.

4.4.1 Beispiel zum McEliece-Kryptosystem

Im McEliece-Kryptosystem muss nach der Berechnung der Kontrollmatrix die zugehörige Generatormatrix berechnet werden. Da die Kontrollmatrix die Form $(I_{n-k}|H'')$ hat, ist die Generatormatrix durch $(H''^T|I_k)$ gegeben.
Die Generatormatrix hat die Form

$$
G = \begin{pmatrix}
1 & 1 & 1 & 1 & 1 & 0 & 1 & 0 & 1 & 1 & 0 & 0 & 1 & 0 & 0 & 0 \\
1 & 1 & 0 & 0 & 1 & 0 & 1 & 1 & 0 & 1 & 1 & 0 & 0 & 1 & 0 & 0 \\
0 & 1 & 0 & 0 & 1 & 1 & 1 & 0 & 0 & 1 & 0 & 1 & 0 & 0 & 1 & 0 \\
0 & 1 & 1 & 0 & 1 & 1 & 0 & 0 & 1 & 0 & 1 & 0 & 0 & 0 & 0 & 1 \\
\end{pmatrix}.
$$

Im öffentlichen Schlüssel wird auf die Speicherung der Identitätsmatrix verzichtet, sodass der öffentliche Schlüssel durch

$$
k_{pub} = \left(\begin{pmatrix}
1 & 1 & 1 & 1 & 1 & 0 & 1 & 0 & 1 & 1 & 0 & 0 \\
1 & 1 & 0 & 0 & 1 & 0 & 1 & 1 & 0 & 1 & 1 & 0 \\
0 & 1 & 0 & 0 & 1 & 1 & 1 & 0 & 0 & 1 & 0 & 1 \\
0 & 1 & 1 & 0 & 1 & 1 & 0 & 0 & 1 & 0 & 1 & 0 \\
\end{pmatrix}, t = 3, m = 4, k = 4, n = 16 \right)
$$

gegeben ist.

Der private Schlüssel ist kürzer und durch

$$k_{priv} = \left(L = \left[0, z, z^2, z^3, z+1, z^2+z, z^3+z^2, z^3+z+1, z^2+1, z^3+z, \right.\right.$$
$$\left. z^2+z+1, z^3+z^2+z, z^3+z^2+z+1, z^3+z^2+1, z^3+1, 1 \right],$$
$$g(x) = x^3 + x + 1,$$
$$\left. \mathbb{F}_{2^4} \right)$$

gegeben.

Verschlüsselung
Der Teil der Generatormatrix aus dem öffentlichen Schlüssel wird mit der Identitätsmatrix der Dimension k konkateniert und die Nachricht m bei Bedarf auf die Länge k mit Nullen erweitert.
Die zu sendende Nachricht ist im Beispiel

$$\left(1\ 1\ 1\ 0 \right)$$

und muss nicht erweitert werden.
Anschließend wird die Nachricht m von rechts mit der Generatormatrix multipliziert, woraus sich das Codewort

$$\left(\mathbf{0}\ 1\ 1\ 1\ 1\ 1\ \mathbf{1}\ 1\ 1\ 1\ 1\ 1\ 1\ 1\ 1\ 0 \right)$$

der Länge n ergibt. Anschließend wird der Fehlervektor

$$\left(1\ 1\ 0\ 0\ 0\ 0\ 1\ 0\ 0\ 0\ 0\ 0\ 0\ 0\ 0\ 0 \right)$$

addiert, sodass das Chiffrat durch

$$\left(\mathbf{1}\ \mathbf{0}\ 1\ 1\ 1\ 1\ \mathbf{0}\ 1\ 1\ 1\ 1\ 1\ 1\ 1\ 1\ 0 \right)$$

gegeben ist.[4]

---

[4] Die vom Fehlervektor beeinflussten Stellen werden in jedem Stadium fett dargestellt.

Entschlüsselung

Bei der Decodierung nach Patterson ist das Polynom $v(x)$ durch

$$v(x) = \left(z^3 + 1\right) x^2 + \left(z^2 + z + 1\right) x + z^3$$

gegeben.

Somit ergibt sich als Fehlerortungspolynom

$$\sigma(h) = z^2 h^3 + \left(z^3 + z^2 + 1\right) h^2 + \left(z^3 + z\right) h.$$

Der Fehlervektor ist damit durch

$$\left(1\ 1\ 0\ 0\ 0\ 0\ 1\ 0\ 0\ 0\ 0\ 0\ 0\ 0\ 0\ 0\right)$$

gegeben.

Durch Subtraktion des Fehlervektors vom empfangenen Vektor ergibt sich als Codewort

$$\left(0\ 1\ 1\ 1\ 1\ 1\ 1\ 1\ 1\ 1\ 1\ 1\ 1\ 1\ 1\ 0\right).$$

Die Nachricht ist in den letzten 4 Bits des Codeworts codiert und damit erfolgreich als

$$\left(1\ 1\ 1\ 0\right)$$

dechiffriert worden.

4.4.2 Beispiel zum Niederreiter-Kryptosystem

Im Niederreiter-Kryptosystem kann nach der Berechnung der Kontrollmatrix, im Gegensatz zum McEliece-Kryptosystem, auf die Berechnung der Generatormatrix verzichtet werden. Der öffentliche Schlüssel besteht aus der Kontrollmatrix (abzüglich der Identitätsmatrix-Submatrix) und den Codeparametern, sodass er durch

$$k_{pub} = \left(\begin{pmatrix} 1\ 1\ 0\ 0 \\ 1\ 1\ 1\ 1 \\ 1\ 0\ 0\ 1 \\ 1\ 0\ 0\ 0 \\ 1\ 1\ 1\ 1 \\ 0\ 0\ 1\ 1 \\ 1\ 1\ 1\ 0 \\ 0\ 1\ 0\ 0 \\ 1\ 0\ 0\ 1 \\ 1\ 1\ 1\ 0 \\ 0\ 1\ 0\ 1 \\ 0\ 0\ 1\ 0 \end{pmatrix}, t = 3, m = 4, k = 4, n = 16 \right)$$

gegeben ist.

Die privaten Schlüssel des McEliece- und des Niederreiter-Kryptosystems sind miteinander identisch.

Verschlüsselung

Im Niederreiter-Kryptosystem muss die Nachricht bei der Verschlüsselung die Länge n und ein Hamminggewicht von höchstens t haben. Um eine Vergleichbarkeit mit dem McEliece-Kryptosystem zu ermöglichen, wird die Nachricht

$$\begin{pmatrix} 0\ 0\ 0\ 0\ 0\ 0\ 0\ 0\ 0\ 0\ 0\ 0\ 1\ 1\ 1\ 0 \end{pmatrix}$$

versendet. Diese muss bei Bedarf auf die Länge n mit Nullen erweitert werden und wird anschließend durch Multiplikation mit der Kontrollmatrix von links verschlüsselt. Wichtig ist, dass der Teil der Kontrollmatrix aus dem öffentlichen Schlüssel vor der Multiplikation (von links) mit der Identitätsmatrix der Dimension $n - k$ konkateniert werden muss.

Als Chiffrat ergibt sich damit

$$\begin{pmatrix} 0\ 1\ 1\ 1\ 1\ 1\ 1\ 1\ 1\ 1\ 1\ 1 \end{pmatrix}.$$

Entschlüsselung

Bei der Decodierung nach Patterson ergibt sich im dritten Schritt als $v(x)$ das Polynom

$$v(x) = \left(z^3 + z \right) x^2 + (z + 1) x + z^3 + z^2 + 1.$$

Somit ergibt sich als Fehlerortungspolynom

$$\sigma(h) = \left(z^3 + z^2 + z + 1\right) h^3 + (z + 1) h^2 + z^2 h + z^3 + z^2.$$

Der Fehlervektor ist damit durch

$$\left(0\ 0\ 0\ 0\ 0\ 0\ 0\ 0\ 0\ 0\ 0\ 0\ 1\ 1\ 1\ 0\right)$$

gegeben. Im Niederreiter-Kryptosystem entspricht der mittels Patterson berechnete Fehler der versendeten Nachricht, die damit erfolgreich dechiffriert wurde.

Bemerkung 4.9

- Das Chiffrat ist im Niederreiter-Kryptosystem kürzer als im McEliece-Kryptosystem. So ergibt sich für das McEliece-Kryptosystem das Chiffrat

$$\left(1\ 0\ 1\ 1\ 1\ 1\ 0\ 1\ 1\ 1\ 1\ 1\ 1\ 1\ 1\ 0\right)$$

der Länge n und für das Niederreiter-Kryptosystem das Chiffrat

$$\left(0\ 1\ 1\ 1\ 1\ 1\ 1\ 1\ 1\ 1\ 1\ 1\right).$$

der Länge $n - k$.

- Im McEliece-Kryptosytem ist die Nachricht direkt im Chiffrat enthalten, da der Fehlervektor die Informationsbits in diesem Beispiel nicht beeinflusst. Im Niederreiter-Kryptosystem ist die Nachricht nicht aus dem Chiffrat ablesbar.
- Wird eine andere Supportreihenfolge gewählt, so ergeben sich andere Chiffrate. Werden beispielsweise die ersten zwei Supportelemente im McEliece-Kryptosystem vertauscht ergibt sich bei der gleichen Nachricht und dem gleichen Fehlervektor das Chiffrat

$$\left(\mathbf{0}\ \mathbf{1}\ 1\ 1\ 1\ 1\ 0\ 1\ 1\ 1\ 1\ 1\ 1\ 1\ 0\right).$$

Die fett dargestellten Positionen haben sich durch die neue Supportreihenfolge verändert.

Nachdem das McEliece- und Niederreiter-Kryptosystem sowohl theoretisch eingeführt und praktisch demonstriert wurden, erfolgt im folgenden Abschnitt eine Sicherheitsanalyse.

4.5   Sicherheitsanalyse

In diesem Abschnitt wird eine Sicherheitsanalyse der vorgestellten Systeme präsentiert. Diese ist in die Darstellung theoretischer Angriffe auf die zugrundeliegenden Codierungsprobleme[5] und implementationsspezifischer Angriffe auf die Schulbuchversion des McEliece-Verfahren gegliedert. Letztere sind mittels einer Konvertierung hin zu CCA-2 sicheren Varianten vermeidbar.[6]

Die Ausführungen sind an die theoretischen Analysen von McEliece [17] und Deng und Wang [14], sowie an die umfassende theoretische und implementationsspezifische Analyse von Engelbert et al. [6] angelehnt.

4.5.1   Grundlegende versionsunabhängige Angriffe

Aufgrund der Äquivalenz der zugrundeliegenden Probleme des Niederreiter- und McEliece-Kryptosystems wird im Folgenden nur das McEliece-Kryptosystem analysiert. Einem Angreifer sind der öffentliche Schlüssel G' und die verschlüsselte Nachricht r bekannt. Ziel ist es den Klartext m zu berechnen. Dafür hat er zwei Möglichkeiten. Erstens kann ein Angreifer versuchen, aus dem öffentlichen Schlüssel G' die Generatormatrix G abzuleiten und mittels eines Decodieralgorithmus beliebige Nachrichten zu decodieren. Dies wäre ein Angriff auf den Schlüssel des Systems. Die zweite Möglichkeit wäre zu versuchen den Klartext m direkt aus dem Chiffrat r abzuleiten. Dies wäre ein Angriff auf die Nachricht selbst.

Nach McEliece (vgl. [17]) scheint die erste Möglichkeit hoffnungslos, wenn n und t groß genug sind, weil es so viele Möglichkeiten für G gäbe. Nicht zu erwähnen seien außerdem die zahlreichen Möglichkeiten für S und P. Bei der zweiten Möglichkeit steht laut McEliece ein Angreifer vor dem Problem, einen mehr oder weniger zufälligen linearen Code mit t Fehlern zu decodieren (vgl. [17]). Dies entspricht dem General-Decoding-Problem, das NP-vollständig ist. Ein Brute-Force-Angriff hat eine Laufzeit von $O(\binom{n}{t})$ und ist somit ineffizient.

Ein vielversprechenderer, aber ebenfalls ineffizienter Angriff ist es k der n Koordinaten zufällig auszuwählen und zu hoffen, dass keine der k Koordinaten durch einen Fehler verfälscht wurden und anschließend den Klartext wiederherzustellen. Die Wahrscheinlichkeit keine fehlerhafte Stelle auszuwählen beträgt

---

[5] Die präsentierten theoretischen Angriffe sind unabhängig von der konkreten Implementierung der Verfahren.

[6] Implementationsspezifische Analysen bezüglich Seitenkanalangriffen werden hier bewusst ausgelassen.

$$\left(1 - \frac{t}{n}\right)^{k}.$$

Die erwartete Anzahl von Iterationen bis zum ersten erfolgreichen Raten der k Koordinaten ist der Kehrwert der angegebenen Wahrscheinlichkeit. Die Lösung von k Gleichungen in k Variablen hat eine Laufzeit von $O(k^3)$, sodass sich eine erwartete Gesamtlaufzeit von

$$k^3 \cdot \left(1 - \frac{t}{n}\right)^{-k}$$

ergibt.

Es gibt zahlreiche Optimierungen dieses Angriffs (beispielsweise nach Lee und Brickell, Leon, oder Stern), der als *Information Set Decoding* bekannt ist. Die Optimierungen lassen, im Gegensatz zum vorgestellten Angriff, eine begrenzte Anzahl von Fehlern in den ausgewählten Koordinaten zu. Strukturell sind die Angriffe alle ähnlich und weisen eine exponentielle Laufzeit auf.

Bemerkung 4.10 (Quantenresistenz). Da beim Information Set Decoding keine Periodizität ausgenutzt werden kann, ist der Algorithmus von Shor nicht anwendbar. Eine Optimierung des Information Set Decoding mittels Grovers Algorithmus ist dagegen möglich. Dort ist aber höchstens eine quadratische Laufzeitverbesserung möglich, sodass bei einer Verdoppelung des Sicherheitsparameters λ angenommen werden kann, dass keine Quantengefahr besteht [7].

Unter der Prämisse, dass das McEliece-System gebrochen ist und aus dem öffentlichen Schlüssel $G' = SGP$ die ursprüngliche Matrix G berechenbar ist, kann ein Angreifer den Klartext mittels des Support Splitting Algorithmus (SSA) rekonstruieren. Dazu berechnet der Angreifer mittels des SSA die Permutation P zwischen G' und G.[7] Somit ist $G'' = GP$ berechenbar, sodass $G' = SG''$ gilt. Sei $\overline{G}''$ die Einschränkung von G'' auf $rang(G')$ viele Spalten, sodass G'' vollen Rang hat und sei $\overline{G}'$ die Einschränkung von G' auf diese Spalten, dann gilt

$$\overline{G}' = S\overline{G}'', \text{ wobei } \overline{G}'' \text{ invertierbar ist.}$$

Damit lässt sich S berechnen und der Angreifer hat Kenntnis des privaten Schlüssels, sodass er beliebige Nachrichten effizient decodieren kann.

---

[7] Es sei angemerkt, dass der SSA unabhängig von der Basendarstellung der Codes ist.

Unter der Annahme, dass das System derart gebrochen ist, dass der Fehlervektor e direkt aus der empfangenen Nachricht $r = mG' + e$ berechenbar ist, kann ein Angreifer ebenfalls auf die ursprüngliche Nachricht m schließen. Dazu berechnet er $(r - e) = mG'$ und kann dann das Gleichungssystem nach m lösen. Bei diesem Vorgehen müsste ein Angreifer jedoch für jedes Tupel (r, e) ein lineares Gleichungssystem lösen. Ein besseres Vorgehen ist wie zuvor $rang(G')$ viele Spalten aus G' auszuwählen, sodass die Einschränkung von G' auf diese Spalten vollen Rang hat. Es bezeichne $\overline{G}'$ die Einschränkung von G' auf die ausgewählten Spalten und $\overline{x}$ die Einschränkung von $(r - e)$ auf die entsprechenden Einträge. Es gilt $\overline{x} = m\overline{G}'$, sodass ein Angreifer mittels $\overline{G}'^{-1}$ in der Lage ist, den Klartext m zu berechnen. Dieses Vorgehen benötigt nur die einmalige Berechnung von $\overline{G}'^{-1}$. Anschließend können neue Klartexte m für neue Tupel (r, e) durch einfaches Auswerten von linearen Gleichungen berechnet werden, ohne diese tatsächlich lösen zu müssen.

In der bisher vorgenommenen Sicherheitsanalyse wurden nur ineffiziente Angriffe präsentiert oder es musste die Annahme getroffen werden, dass die zugrundeliegenden Probleme gebrochen wurden. In der Theorie gilt das McEliece- und das Niederreiter-Kryptosystem damit als sicher. Die hier vorgestellten Schulbuchversionen sind jedoch aufgrund ihrer Implementierung vulnerabel gegenüber Angriffen, wie im folgenden Abschnitt gezeigt wird.

4.5.2 Versionsabhängiger Message Resend Angriff auf das McEliece-Kryptosystem

Die zuvor vorgestellten Schulbuchversionen des McEliece- und Niederreiter-Kryptosystems dienten vor allem der theoretischen Einführung der Systeme. Sie sind wegen ihrer implementationsspezifischen Sicherheitslücken jedoch nicht in der Praxis einsetzbar. Dieser Abschnitt beschäftigt sich mit dem aus dem Jahr 1997 stammenden Angriff auf die Schulbuchversion des McEliece-Kryptosystems nach Berson [4]. Dies motiviert eine Konvertierung der Systeme hin zu CCA-2-sicheren Versionen.

Das Angriffsszenario ist dabei wie folgt: Fängt ein Angreifer zweimal die Verschlüsselung des gleichen Klartextes mit unterschiedlichen Fehlervektoren unter Verwendung des McEliece-Kryptosystems ab, so ist er mit dem hier vorgestellten Angriff in der Lage den gesendeten Klartext zu rekonstruieren. Bei der vorliegenden Analyse wird stets eine Einordnung der berechneten Wahrscheinlichkeiten anhand der von McEliece vorgeschlagenen Parameter $n = 1024, k = 524, t = 50$ für das McEliece-Kryptosystem vorgenommen.[8]

Bemerkung 4.11 Dieser Angriff ist nicht für das Niederreiter-Kryptosystem möglich.

Dem Angreifer liegen initial die beiden Chiffrate

$$c_1 = mSGP + e_1 \text{ und}$$
$$c_2 = mSGP + e_2 \text{ vor.}$$

Dabei gilt $c_1 + c_2 = e_1 + e_2 \bmod 2$.

Wie zuvor bezeichne n die Länge der Geheimtexte, k die Länge der Klartexte und t die Anzahl der eingefügten Fehler. Zudem bezeichne L_0 die Menge der Indizes

$$\left\{ 1 \leq l \leq n : c_1(l) + c_2(l) = e_1(l) + e_2(l) = 0 \right\}$$

für die somit entweder

$$e_1(l) = 0 = e_2(l) \text{ oder } e_1(l) = 1 = e_2(l)$$

gilt. Analog bezeichne L_1 die Menge der Indizes

$$\left\{ 1 \leq l \leq n : c_1(l) + c_2(l) = e_1(l) + e_2(l) = 1 \right\}$$

für die somit entweder

$$e_1(l) = 1 \text{ und } e_2(l) = 0 \text{ oder } e_1(l) = 0 \text{ und } e_2(l) = 1$$

gilt. Unter der Annahme, dass e_1 und e_2 unabhängig erzeugt werden, gilt

$$P\left(e_1(l) = 1 = e_2(l)\right) = \left(\frac{t}{n}\right)^2$$

---

[8] Die Wahl sicherer Parameter ändert nichts an der strukturellen Schwäche des Systems für diese Art des Angriffs.

Für die Parameter von McEliece ergibt sich also $P\big(e_1(l) = 1 = e_2(l)\big) = 0.0024$. Damit gilt für fast alle Indizes aus L_0, dass sie nicht von einem Fehlervektor verfälscht wurden. Ziel des Angriffs ist es k unverfälschte Stellen aus L_0 zu erraten. Durch die Einschränkung $\bar{c}$ des abgefangenen Chiffrats c und der Einschränkung $\overline{G'}$ der Generatormatrix $G' = SGP$ auf die k unveränderten Koordinaten/ Spalten kann dann die ursprünglich versendete Nachricht rekonstruiert werden, sofern $\overline{G'}$ invertierbar ist. Es gilt $\bar{c} = m\overline{G'}$, woraus mittels der Inversen von $\overline{G'}$ m rekonstruiert werden kann. Sollte $\overline{G'}$ nicht invertierbar sein, können k andere, unveränderte Koordinaten aus c probiert werden. Im Folgenden wird analysiert, wie wahrscheinlich es ist k unverfälschte Indizes aus L_0 zu wählen. Es gilt

$$ p_i = P\Big(|\{l : e_1(l) = 1 = e_2(l)\}| = i\Big) = \frac{\binom{t}{i}\binom{n-t}{t-i}}{\binom{n}{t}}. $$

Es gibt $\binom{n}{t}$ mögliche Fehlervektoren für e_1. Von den t Indizes, an denen $e_1 = 1$ gilt, muss an i Stellen auch $e_2 = 1$ gelten. Die restlichen $(t - i)$ Fehlerindizes von e_2 müssen dann an den restlichen $(n - t)$ Stellen vorliegen, woraus die Formel folgt. Damit gilt für die erwartete Kardinalität von L_1

$$ \mathbb{E}[|L_1|] = \sum_{i=0}^{t}(2t - 2i)p_i, $$

da jede Stelle, für die $e_1(l) = 1 = e_2(l)$ gilt, $|L_1|$ um zwei reduziert wird. Für die ursprünglichen Parameter von McEliece gilt $\mathbb{E}[|L_1|] \approx 95.1$. Nimmt man $|L_1| = 94$ an, so gilt $|L_0| = n - |L_1| = 930$, von denen nur $(2t - 94)/2 = 6/2 = 3$ Stellen verfälscht wurden. Die Wahrscheinlichkeit $k = 524$ unverfälschte Indizes aus L_0 zu erraten beträgt somit

$$ \frac{\binom{927}{k}}{\binom{930}{k}} \approx 0.0828, $$

sodass im Erwartungswert[9] nur zwölf Versuche nötig sind, um einen Erfolg zu haben.

Das System ist mit dem vorgestellten Angriff aber keineswegs gebrochen, da der private Schlüssel nicht berechnet werden konnte. Mit der Attacke konnte jedoch mit sehr geringem Aufwand der Klartext einer mehrmals versendeten Nachricht wiederhergestellt werden. Die vorgestellte Attacke kann umgangen werden, wenn

---

[9] Entsprechend dem Erwartungswert der geometrischen Verteilung.

das McEliece-Kryptosystem nur als Key Encapsulation Mechanismus genutzt wird. Dabei werden nur zufällig generierte Nachrichten verschlüsselt versendet und deren Hash als symmetrischer Schlüssel verwendet.

Bemerkung 4.12 (Woher weiß ein Angreifer, dass zweimal die gleiche Nachricht verschlüsselt wurde?). Ein Angreifer weiß a priori nicht, dass es sich bei den Geheimtexten um die Verschlüsselung der gleichen Nachricht m handelt. Dies lässt sich jedoch mit sehr hoher Wahrscheinlichkeit prüfen, da für gleiche Nachrichten, die mit unterschiedlichen Fehlern verschlüsselt wurden, das Hamminggewicht höchstens $2t$ beträgt. Für zwei ungleiche Nachrichten ist es dagegen sehr unwahrscheinlich, dass ein solch niedriges Gewicht auftritt.

Bemerkung 4.13 (Verallgemeinerung und Laufzeit). Der Angriff kann zu einer Related-message-Attacke verallgemeinert werden, bei der nur eine lineare Beziehung zwischen den beiden abgefangenen Nachrichten gefordert wird. Beide Angriffe haben eine Laufzeit von $O(\beta k^3)$, wobei β eine kleine Konstante und k die Länge des Klartextes bezeichnet [4].

Neben dem vorgestellten Angriff gibt es noch eine Vielzahl anderer möglicher Angriffe auf die einfachen Varianten der Kryptosysteme. In Tabelle 4.3 ist eine Übersicht der möglichen Angriffe nach Niebuhr gegeben [19]. All diese Angriffe motivieren eine Konvertierung hin zu CCA-2 sicheren Varianten.

Tabelle 4.3 Übersicht über mögliche Angriffe auf die Kryptosysteme ohne Konvertierung zu CCA-2 sicheren Varianten nach Niebuhr [19]

		McEliece	Niederreiter
Plaintext	Broadcast	no	*
	Known partial	*	*
	Message-resend	*	no
	Related-message	*	no
Ciphertext	Chosen	*	*
	Lunchtime	*	*
	Adapt. chosen	*	*
	Reaction	*	*
	Malleability	*	no

Bemerkung 4.14 Die Schulbuchversion ist nicht CCA-2 sicher, wie folgende Betrachtung zeigt. Die CCA-2 Sicherheitsanforderung erlaubt es einem Angreifer abhängig vom Chiffrat r ein Entschlüsselungsorakel nach der Dechiffrierung beliebiger Nachrichten ungleich r zu fragen. Hat ein Angreifer im Falle des McEliece-Kryptosystems das Chiffrat

$$r = mG' + e$$

gegeben, erzeugt er ein beliebiges Codewort $c = m'G'$ (ohne einen Fehler hinzuzufügen). Anschließend kann er das Orakel nach der Entschlüsselung von $r + c$ fragen.

$$Dec(r + c) = Dec(mG' + e + m'G') = m + m'$$

Da m' bekannt ist, lässt sich m bestimmen, sodass keine CCA-2 Sicherheit gegeben ist. Eine mögliche Konvertierung des McEliece-Kryptosystems hin zu einer CCA-2 sicheren Variante wird im elektronischen Zusatzmaterial in „Anhang C: Konvertierung des McEliece-Kryptosystems" vorgestellt.[10]

Im folgenden Abschnitt wird das CCA-2 sichere Kryptosystem *Classic McEliece* vorgestellt.

4.6   Das Classic McEliece-Kryptosystem

In Andenken an den Begründer der codebasierten Kryptografie trägt das in diesem Abschnitt vorgestellte Kryptosystem den Namen „Classic McEliece", obwohl es eigentlich auf dem dualen Verfahren von Niederreiter basiert. Es wurde 2017 von Bernstein et al. bei der NIST „Post Quantum Cryptography" Standardisierung eingereicht und schaffte es in die Runde der Finalisten. Bei dem Verfahren handelt es sich um ein reines Schlüsseltransportverfahren (KEM), instanziiert mit irreduziblen binären Goppa Codes. Dabei wird ein zufälliger Fehlervektor e des Gewichts t verschlüsselt versendet und dessen Shake-256 Hash anschließend als symmetrischer Schlüssel verwendet. Das Verfahren basiert auf Niederreiters Variante, da diese kürzere Chiffrate ermöglicht. Im Folgenden werden Besonderheiten der Classic McEliece-Variante gegenüber der Variante nach Niederreiter vorgestellt, die das System IND-CCA-2 sicher machen.

---

[10] **Elektronisches Zusatzmaterial** Die elektronische Version dieses Kapitels enthält Zusatzmaterial, das berechtigten Benutzern zur Verfügung steht.

Das Kapitel basiert auf den offiziellen Bewerbungsunterlagen des Classic McEliece-Systems bei der Post-Quanten-Standardisierung der NIST [5, 7]. Die eingereichten Dokumente inkludieren die Spezifikation des Kryptosystems, ein Dokument zu Designentscheidungen, einen Leitfaden für Sicherheitsprüfer und einen Leitfaden für Implementierungen.

4.6.1 Besonderheiten des Systems

Neben der Besonderheit, dass das System als reines Schlüsseltransportverfahren verwendet wird, nutzt es nur Generator- und Kontrollmatrizen in systematischer oder semi-systematischer Form. Für die Definition einer semi-systematischen Matrix sei auf die Kryptografie-Spezifikation auf der offiziellen Website verwiesen [7]. Experimentell hat die Konvertierung der Kontroll- und Generatormatrix in diese eingeschränkte Form eine Erfolgswahrscheinlichkeit von ca. 29%, sodass im Erwartungswert nach 3, 4 Schlüsselerzeugungsiterationen eine Matrix der entsprechenden Form gefunden wird. Zudem ergibt sich dadurch eine theoretische Reduktion der Sicherheit um zwei Bits, die jedoch rein theoretischer Natur ist.

Des Weiteren wird als Support nicht ganz $\mathbb{F}_{q^m}$ gewählt, sondern nur eine Teilmenge. Damit wird ein Angriff mittels des Support-Splitting-Angriffs aufwendiger. Prinzipiell ist diese Angriffsart jedoch langsamer als die auf Information Set Decoding basierten Angriffe, weshalb diese Einschränkung weniger sicherheitsrelevant ist. Für eine umfassende Analyse sei auf den „Leitfaden für Sicherheitsprüfer" der offiziellen Bewerbungsunterlagen verwiesen [7].

Eine weitere Besonderheit des Verfahrens gegenüber den klassischen Varianten ist das Verhalten bei einer falschen Decodierung. Schlägt eine Decodierung fehl, gibt das Classic McEliece-Verfahren eine pseudozufällige Funktion in Abhängigkeit des empfangenen Chiffrats zurück.

Zuletzt stellt die Art der Speicherung des Supports mittels *in-place Beneš networks* eine Besonderheit dar.

Insgesamt ist das Verfahren mit all diesen Anpassungen IND-CCA-2 sicher und wird vom BSI für die Post-Quanten-Kryptografie empfohlen.

4.6.2 Wahl der Parameter

Im Paper von McEliece werden die Parameter

$$n = 1024, k = 524, t = 50$$

vorgeschlagen, um eine 2^{64} Bit Sicherheit zu erreichen. Da McEliece immer $n = 2^m$ annimmt, gilt somit $m = 10$.

In der Spezifikation der Classic McEliece-Variante werden für verschiedene Größen der öffentlichen Schlüssel Parameter angegeben. Die möglichen Wahlen der Parameter m, n und t sind in Tabelle 4.4 angegeben. Dabei handelt es sich nur um eine Darstellung der Mengen, aus denen die Parameter gewählt werden können. In der konkreten Spezifikation sind nur spezifische Kombinationen der Parameter zugelassen. Anhand der Tabelle wird ersichtlich, dass die ursprünglichen Parameter nach McEliece heute nicht mehr als sicher angenommen werden.

Tabelle 4.4 Parameterspezifikation im Classic McEliece-Kryptosystem

m	$\{12, 13\}$
n	$\{3488, 4608, 6688, 6960, 8192\}$
t	$\{64, 96, 119, 128\}$

Aus der Wahl der Parameter lässt sich der Speicherbedarf des Systems direkt berechnen. In Tabelle 4.5 sind die Größen der Schlüssel und des Chiffrats gemäß der jeweiligen Parameterwahl angegeben.

Tabelle 4.5 Größen der In- und Outputs in Bytes gemäß der Implementierungsempfehlung des Classic McEliece-Verfahrens [7]. In der ersten Spalte steht das Label der entsprechenden Parameterwahl codiert in den Parametern n und t sowie dem Label f.

n, t, f	Public key	Private key	Chiffrat	Session key	Sicherheitslevel[11]
3488–64	261120	6492	96	32	143
3488–64 f	261120	6492	96	32	143
4608–96	524160	13608	156	32	207
4608–96 f	524160	13608	156	32	207
6688–128	1044992	13932	208	32	272
6688–128 f	1044992	13932	208	32	272
6960–119	1047319	13948	194	32	272
6960–119 f	1047319	13948	194	32	272
8192–128	1357824	14120	208	32	272
8192–128 f	1357824	14120	208	32	272

[11] Das ist das geschätzte Sicherheitslevel nach den offiziellen Kommentaren der dritten Runde im Nist Standardisierungsprozess [8]. Parameterwahlen ohne das Label „f" nutzen als Parameter der semi-systematischen Form $(\mu, \nu) = (0, 0)$ und Parameterwahlen mit dem Label „f" nutzen als Parameter der semi-systematischen Form $(\mu, \nu) = (32, 64)$.

4.6.3　Vor- und Nachteile des Verfahrens

Trotz der schnelleren Ver- und Entschlüsselung (in Soft- und Hardware) im Vergleich zu anderen Verfahren bleibt die Größe der öffentlichen Schlüssel, wie in Tabelle 4.5 zu sehen, das Hauptproblem des Classic McEliece-Kryptosystems. Der Speicherbedarf der öffentlichen Schlüssel variiert mit den vorgeschlagenen Parametern von 0.26 MB bis zu 1.3 MB. Die Chiffrate sind laut der offiziellen Website des Projekts jedoch die kürzesten aller Post-Quanten-Systeme [7, vgl. Designentscheidungen]. Wird ein öffentlicher Schlüssel lange genug genutzt, können sich die Übertragungskosten des öffentlichen Schlüssels somit amortisieren. Bei Anwendungen wie der PQ-WireGuard VPN wird der öffentliche Schlüssel einmalig übertragen und anschließend eine Vielzahl an Chiffraten damit erzeugt. Hier ist die Größe der Chiffrate von entscheidender Bedeutung, weshalb diese VPN auf das Classic McEliece-Verfahren setzt.

Internet Service Provider (ISP) können außerdem öffentliche Schlüssel oft angefragter Server cachen, wie es auch heute schon beim Domain Name System der Fall ist. Damit ist keine End-zu-End-Übermittlung der großen öffentlichen Schlüssel notwendig, sondern lediglich die günstigere Übermittlung vom ISP zum Client. Der Versand der Chiffrate muss dagegen immer Ende-zu-Ende erfolgen, sodass die kurzen Chiffrate des Classic McEliece Systems die Kosten der langen, öffentlichen Schlüssel im Vergleich zu anderen Verfahren weiter reduzieren können. Ein weiterer Vorteil ist, dass die Chiffrate mit den vorgeschlagenen Parametern alle eine Länge von unter 256 Bytes haben und somit in ein Netzwerkpaket passen.

Der Hauptvorteil des Classic McEliece-Kryptosystems im Vergleich zu gitterbasierten Verfahren ist jedoch die Stabilität der Sicherheit über Dekaden. Laut der offiziellen Website verfügt das McEliece-Kryptosystem über die beste Sicherheitsbilanz unter allen Public-Key-Verschlüsselungssystemen und sei die bevorzugte Wahl für Benutzer, die Sicherheitsrisiken minimieren möchten [7].

Wie in Tabelle 4.6 zu sehen, hat sich das asymptotische Sicherheitslevel gitterbasierter Verfahren von 2000 bis 2020 stark reduziert. So wurden 2010 noch 42% höhere und im Jahr 2000 sogar superexponentiell höhere asymptotische Sicherheitslevel als 2020 angenommen. Beim McEliece-Kryptosystem ist die angenommene asymptotische Sicherheit dagegen mit

$$\Big(5 + o(1)\Big)^t,$$

$$t = \Big(0.2 + o(1)\Big)n/\log_2(n)$$

im gleichen Zeitraum konstant geblieben, wobei n die Länge des Chiffrats und die t die Anzahl der eingefügten Fehler bezeichnet. Trotz der Vielzahl an präsentierten Angriffen konnte die asymptotische Sicherheit nur im Faktor $o(1)$ optimiert werden. Dieser Faktor konvergiert mit n gegen unendlich gegen 0 und beeinflusst damit nicht die asymptotische Sicherheit. Mittels Grovers Attacke kann für systematische Suchen eine quadratisch bessere Laufzeit erzielt werden, weshalb für Quantenangriffe ein Sicherheitslevel von

$$\left(5 + o(1)\right)^{t/2}$$

angenommen wird. Nach einer Verdoppelung des klassischen Sicherheitsparameters gilt das Verfahren demnach als quantensicher.

Tabelle 4.6 Annahme der asymptotischen Sicherheit des McEliece-Verfahrens und ungebrochenen gitterbasierten Verfahren gegenüber nicht-quanten Angriffen im Vergleich zu 2020

	gitterbasierte Verfahren	McEliece Verfahren
2000	superexponentiell höher	gleich
2010	42% höher	gleich

Das Verfahren wird insgesamt als besonders sicher angenommen (auch im Vergleich zu gitterbasierten Verfahren) und ist damit auch zukünftig, trotz seiner großen öffentlichen Schlüssel, für kritische Anwendungen von großem Interesse.

Zusammenfassung und Ausblick 5

In dieser Ausarbeitung wurde die Codeklasse der Goppa Codes mit ihren grundlegenden Eigenschaften und möglichen Decodieralgorithmen vorgestellt. Aufbauend darauf wurden sowohl das McEliece-, das Niederreiter- und das Classic McEliece-Kryptosystem eingeführt und deren Sicherheitseigenschaften analysiert. Codebasierte Verfahren gelten als besonders sicher, haben sehr kurze Chiffrate und ermöglichen eine schnellere Ver- und Entschlüsselung als RSA, was sie zukünftig besonders attraktiv für kryptografische Anwendungen auf mobilen Endgeräten macht.

Trotz des schnell steigenden, verfügbaren Speicherplatzes stellen sich die großen öffentlichen Schlüssel jedoch als Herausforderung für eine Verbreitung codebasierter Kryptosysteme heraus. Aktuell wird, um diesem Problem zu begegnen, die Verwendung von quasi-zyklischen (QC) moderate Density Parity-Check (MDPC)-Codes anstelle von Goppa Codes vorgeschlagen. In der Vergangenheit stellte sich jedoch für viele vorgeschlagene Codeklassen die Ununterscheidbarkeitsannahme von zufälligen linearen Codes als falsch heraus, sodass das Vertrauen in neue Codes begrenzt ist. Eine Analyse neuer Codeklassen mit kürzeren Schlüssellängen sollte damit Hauptgegenstand zukünftiger Forschung sein. Denn bei der Verwendung effizienterer Codes ergäbe sich eine höhere Praktikabilität codebasierter Kryptosysteme. Ein weiterer Vorteil wäre, dass sie als Backup dienen könnten, sollte sich die Ununterscheidbarkeitsannahme für Goppa Codes in der Zukunft als falsch erweisen.

Ergänzende Information Die elektronische Version dieses Kapitels enthält Zusatzmaterial, auf das über folgenden Link zugegriffen werden kann https://doi.org/10.1007/978-3-658-46743-2_5.

Literaturverzeichnis

[1] M. W. Baldoni, C. Ciliberto, and G. M. P. Cattaneo. *Elementary Number Theory, Cryptography and Codes*. Springer Berlin Heidelberg, 2009.

[2] E. Berlekamp, R. McEliece, and H. van Tilborg. On the inherent intractability of certain coding problems (corresp.). *IEEE Transactions on Information Theory*, 24(3):384–386, 1978.

[3] D. J. Bernstein, J. Buchmann, and E. Dahmen. Post-quantum cryptography.–2009. *DOI:* https://doi.org/10.1007/978-3-540-88702-7.

[4] T. A. Berson. Failure of the mceliece public-key cryptosystem under message-resend and related-message attack. In *Advances in Cryptology – CRYPTO '97, 17th Annual International Cryptology Conference, Santa Barbara, California, USA, August 17–21, 1997, Proceedings*, volume 1294 of *Lecture Notes in Computer Science*, pages 213–220. Springer, 1997.

[5] D. Y.-K. L. Dr. Lily Chen, Dr. Dustin Moody. Nist post-quantum cryptography, 2023.

[6] D. Engelbert, R. Overbeck, and A. Schmidt. A summary of mceliece-type cryptosystems and their security. *Journal of Mathematical Cryptology*, 1(2):151–199, 2007.

[7] D. J. B. et al. Classic mceliece – cryptosystem specification; design rationale, guide for security reviewers, guide for implementors, 2023.

[8] K. Fleming. Classic-mceliece-round3-official-comment.

[9] B. Friedrichs. *Kanalcodierung: Grundlagen und Anwendungen in modernen Kommunikationssystemen*. Springer-Verlag, 1996.

[10] B. für Sicherheit in der Informationstechnik (BSI). Kryptografie quantensicher gestalten. Technical report, Bundesamt für Sicherheit in der Informationstechnik (BSI), 53133 Bonn, 12 2021.

[11] V. Goppa. A new class of linear correcting codes, 1970.

[12] W. C. Huffman and V. Pless. *Fundamentals of error-correcting codes*. Cambridge university press, 2010.

[13] S. Jordan. Quantum algorithm zoo, Last updated: June 26, 2022.

[14] Y. X. Li, R. Deng, and X. M. Wang. On the equivalence of mceliece's and niederreiter's public-key cryptosystems. *IEEE Transactions on Information Theory*, 40(1):271–273, 1994.

[15] F. J. MacWilliams and N. J. A. Sloane. *The theory of error-correcting codes*, volume 16. Elsevier, 1977.

© Der/die Herausgeber bzw. der/die Autor(en), exklusiv lizenziert an Springer Fachmedien Wiesbaden GmbH, ein Teil von Springer Nature 2025
F. P. Paul, *Codebasierte Post-Quanten-Kryptografie*, BestMasters,
https://doi.org/10.1007/978-3-658-46743-2

[16] M. Marcus, T. Lange, and P. Schwabe. White paper on mceliece with binary goppa codes, 2019.

[17] R. McEliece. A public-key cryptosystem based on algebraic coding theory. the deep space network progress report, dsn pr 42–44, 1978.

[18] M. Mosca. Cybersecurity in an era with quantum computers: will we be ready? *IEEE Security & Privacy*, 16(5):38–41, 2018.

[19] R. Niebuhr. Critical attacks in code-based cryptography. *WEWoRC*, 2011:34, 2011.

[20] N. Patterson. The algebraic decoding of goppa codes. *IEEE Transactions on Information Theory*, 21(2):203–207, 1975.

[21] O. Pretzel. *Error-correcting codes and finite fields*. Oxford Applied Mathematics & Computing Science S. Clarendon Press, Oxford, England, 1992.

[22] M. Repka and P.-L. Cayrel. Cryptography based on error correcting codes. In *Advances in Information Security, Privacy, and Ethics*, pages 133–156. IGI Global.

[23] P. Shor. Algorithms for quantum computation: discrete logarithms and factoring. In *Proceedings 35th Annual Symposium on Foundations of Computer Science*, pages 124–134, 1994.

[24] P. W. Shor. Progress in quantum algorithms. *Quantum information processing*, 3:5–13, 2004.

[25] H. Singh. Code based cryptography: Classic mceliece. *arXiv preprint* arXiv:1907.12754, 2019.

[26] Y. Sugiyama, M. Kasahara, S. Hirasawa, and T. Namekawa. A method for solving key equation for decoding goppa codes. *Information and Control*, 27(1):87–99, 1975.

[27] F. K. Wilhelm, R. Steinwandt, B. Langenberg, P. J. Liebermann, A. Messinger, P. K. Schuhmacher, and A. Misra-Spieldenner. Status of quantum computer development. 2020.

Printed in the United States
by Baker & Taylor Publisher Services